Johann Anton Illik

Professional Programmer Series: C/C++

Einführung in die objektorientierte Programmierung

Johann Anton Illik

Professional Programmer Series: C/C++

Einführung in die objektorientierte Programmierung

GRIN Verlag

Bibliografische Information der Deutschen Nationalbibliothek: Die Deutsche Bibliothek
verzeichnet diese Publikation in der Deutschen Nationalbibliografie; detaillierte bibliografische Daten sind im Internet über http://dnb.d-nb.de/ abrufbar.

1. Auflage 2009
Copyright © 2009 GRIN Verlag
http://www.grin.com/
Druck und Bindung: Books on Demand GmbH, Norderstedt Germany
ISBN 978-3-640-65992-0

Professional Programmer Series:

C/C++

Einführung in die objektorientierte Programmierung

Autor:
Prof. Dipl.-Inform.
J. Anton Illik
▲❚❚ Ambit Informatik Ltd.
E-Mail: stuttgart@ambit.de
http://www.ambit.de

Inhalt

Vorwort

Mit C++ steht dem professionellen Programmierer eine faszinierende Sprache zur Verfügung: ob low-level oder high-level-Programme, also: ob sehr nahe an der Hardware oder sehr weit davon entfernt, ob technisch oder kommerzielle Applikation, die Sprache ist so flexibel, dass Sie in jedem Applikationsgebiet effizient eingesetzt werden kann. Im low-level-Bereich erübrigt sich der Abstieg auf die Assemblerebene und im high-level-Ensatz läßt sich die Idee der Software-ICs mit Hilfe der objektorientierten Features nahezu perfekt umsetzen.

Dass C++ eine hybride Sprache ist, mag dem puristischen Anhänger der Objektorientierung ein Dorn im Auge sein - wir empfinden diese hybride Natur der Sprache als Vorteil. Die Evolution lehrt uns, dass Teilnehmer an komplexen Systemen mit der Fähigkeit zu Kompromissen in aller Regel die bessere Durchsetztungsfähigkeit besitzen. In der hybriden Natur der Sprache sehen wir einen, der realen Welt sehr gerecht werdenden, Kompromiss: objektorientiert programmieren zu können, wo immer es möglich ist und beim prozeduralen Paradigma bleiben zu können, wo immer es notwendig ist.

C++ ist eine Sprache für den professionellen Programmierer, der in jeder Situation genau weiß, was er schreibt! Mit halbseidenem Wissen wird kein Programmierer mit C++ glücklich: kein Laufzeitsystem bügelt mangelndes Know-How aus, kein „väterlicher" Compiler egalisiert in leichtsinniger Laune schlampig programmiertes. „What you get is what you write" ist die Devise! Hier unterscheidet sich aber C++ nicht von anderen Profi-Werkzeugen: in der Hand von Laien entfalten sie ihr Potential nicht, ja richten vielleicht sogar Schaden an.

Dieser Leitfaden soll den Programmierer in die Sprache C++ und in die objektorientierte Programmierung einführen. Wir werden uns dabei auf den Sprachkern von C++ konzentrieren. Da weder betriebssystem- noch compilerspezifische Features genutzt werden, laufen die Beispiele auf allen Betriebssystemen und Prozessorplattformen.

Viel Erfolg!

1 Prêt-á-porter oder Haute Couture?

Kaum ein anderes Schlagwort beschäftigt die Softwerker mehr: Objektorientiertheit zieht sich wie ein roter Faden durch die Informatikwelt. Objektorientierte Betriebssysteme sind die Basis: darauf laufen objektorientierte Datenbanken, natürlich mit einer objektorientierten Programmiersprache geschrieben, nachdem vorher eine objektorientierte Analyse und ein objektorientiertes Design durchgezogen wurden. Zum Benutzer hin lacht eine objektorientierte, graphische Oberfläche. Und die Gestalt vor dem Computer denkt selbstverständlich objektorientiert! So mag es einem vorschweben - Objektorientiertheit als prêt-á-porter für alle. Die Realität sieht noch anders aus. Objektorientiertheit ist wohl zur Zeit eines der faszinierendsten und gleichzeitig am wenigsten verstandenen Informatik-Paradigmen: Objektorientiertheit ist heute noch eher in der Haute Couture der Softwareschneidereien zu finden.

Diese Serie soll mithelfen, diesen Zustand zu ändern. In der Objektorientiertheit liegt die Chance, der Softwareherstellung einen ungeahnten Produktivitätsschub zu geben. Die Objektorientiertheit darf schon aus diesem Grund kein Privileg der Großmeister bleiben, sie muss Allgemeingut in den Köpfen aller Informatiker werden, egal ob Analytiker, Designer oder Programmierer.

Bevor wir uns dem objektorientierten Programmieren zuwenden, wollen wir zuerst die strategische und tiefere Bedeutung der Objektorientiertheit verdeutlichen. Dieser veränderte Denkansatz, der Daten und Funktionen als untrennbare Einheit, eben als Objekt (siehe Bild), in den Mittelpunkt der Betrachtung stellt, ist jedoch keineswegs nur um seiner selbst willen interessant! Die damit erreichbaren Ziele versprechen einen enormen Fortschritt im Softwarebau. Dies wollen wir anhand der Fragestellung ausloten, warum die weiter unten erwähnten objektorientierten Betriebssysteme und Datenbanken so wünschenswert sind.

Methoden
sind die Schnittstellen eines Objekts. Eine Botschaft eines
Senderobjekts aktiviert eine korrespondierende Methode des
Empfängerobjekts.

Daten
sind gekapselt und nur von den eigenen Methoden des Objekts
manipulierbar. Die gekapselten Daten können selbst
wieder Objekte sein.

Bild 1: Ein Objekt besteht aus Methoden und Daten.

1.1   Warum objektorientierte Betriebssysteme?

Mehrere Gründe lassen objektorientierte Betriebssysteme wünschenswert
erscheinen: ein wesentlicher Aspekt ist die effiziente Unterstützung mo-
derner Client-Server-Applikationen. Auf der anderen Seite lassen sich mit
der Objektorientiertheit die seit langem, vor allem von den Anwendern an-
gestrebten Eigenschaften wie Portabilität, Flexibilität, Skalierbarkeit und
vieles andere mehr erreichen.

Ein Betriebssystem ist in erster Linie ein Ressourcenmanager, der die vom
System für die Applikationssoftware zur Verfügung gestellten Hardware-
und Software-Ressourcen sicher und schnell verwalten muss. Anspruchs-
volle Applikationen lassen sich nur dann unternehmensweit verteilt einsetzen und wirtschaftlich herstellen, wenn sie von einer tragfähigen Plattform,
also dem Betriebssystem, entsprechend unterstützt werden. Die effiziente
Ausnutzung einer verteilten, heterogenen[1] Hardware- und Software-
Infrastruktur verlangt auch betriebssystemseitig eine Client-Server-
Architektur, die innerhalb eines Systems - aber auch über Systemgrenzen
hinweg - verteilt ist. Diese verteilten Betriebssystemkomponenten, die sich
innerhalb eines Computersystems idealerweise in einen Mikro-Kern und
darum herum angeordnete Server gliedern (siehe Bild), müssen miteinander kommunizieren. Das aber genau ist die Stärke der Objektorientiertheit:
unabhängige Objekte interagieren miteinander durch den Austausch von

---

[1]Verschiedene Hardware-Hersteller liefern Komponenten zu einem Gesamtsystem

Botschaften (siehe Bild). Die Clients und Server werden also am besten als kooperierende Objekte entworfen und implementiert. Bei diesem Ansatz ergibt sich fast von selbst die Transparenz der Verteilung, d. h. die Kommunikation ist unabhängig vom Ort der Kommunikationspartner, sodass es für einen Client unerheblich ist, ob der zuständige Server lokal vorhanden ist oder von einem entfernten Rechner aus antwortet.

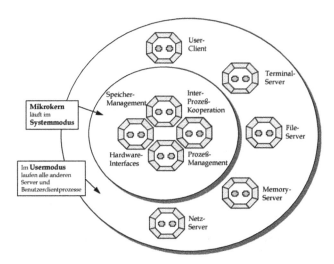

Bild 2: Ein objektorientiertes Mikrokernsystem.

Ein Objekt ist eine autonome Kapsel (siehe Bild), die im Sinne eines abstrakten Datentyps sowohl Datenstrukturen wie auch Operationen (auch *Methoden* genannt) kapselt. Diese Operationen der Objekte manipulieren die objektinternen Daten. Angestoßen werden die Operationen von aussen durch eine Nachricht (auch *Botschaft* genannt), die von einem anderen Objekt kommt. Derartige Softwarearchitekturen auf der Applikationsebene müssen durch ein entsprechendes Leistungsangebot (Message Passing, Kapselung, Objektverwaltung, usw.) auf der Betriebssystemseite unterstützt werden, um die maximale Effizienz der Applikationen zu gewährleisten.

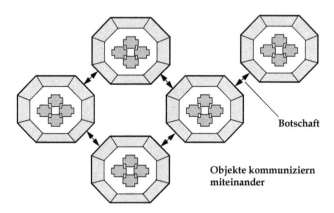

Botschaft

Objekte kommuniziern
miteinander

Bild 3: Ein Gesamtsystem wird in kooperierende Objekte gegliedert.

Ein nach diesem Paradigma konstruiertes Betriebssystem ermöglicht am ehesten auch eine flexible Adaptionsfähigkeit. Die Vielfalt der Betriebssysteme, vor allen in den Bereichen Automation und Telekommunikation, erfordert einen immensen Aufwand an Pflege, Wartung und Weiterentwicklung. Anwendungen für diese Spezialbetriebssysteme sind nicht portabel und der Programmierer dieser Applikationen braucht i. d. R. Spezialkenntnisse, die kaum auf andere Systeme übertragbar sind. Auf der Basis eines möglichst objektorientierten und hardwareunabhängigen Mikrokerns ließe sich eine weitgehende Vereinheitlichung erreichen: je nach Bedarf wird für einen speziellen Einsatzzweck durch das Hinzufügen von modularen Servern ein dediziertes Gesamtbetriebssystem konfiguriert. Diese systeminhärente, flexible Adaptionsfähigkeit stellt auch sicher, dass sich neuartige Applikationen rasch auf das System stellen lassen: überfordern etwa die kooperativen Arbeitsabläufe und multimedialen Datenströme zukunftsweisender Applikationen, die im gegebenen Betriebssystem vorhandenen Gegebenheiten, so sollten nur einzelne Server auf der Betriebssystemebene auszutauschen sein.

1.2   Warum objektorientierte Datenbanken?

Der Ruf nach objektorientierten Datenbankmanagementsystemen (OODBMS) hat im wesentlichen drei Gründe: zum einen brauchen die objektorientierten Anwendungsprogramme ein Objektarchiv. Zum zweiten versprechen OODBM-Systeme die notwendige Effizienz für die Archivierung sehr komplexer Informationsstrukturen. Und zuletzt: in einer objektorientierten Datenbank stecken prinzipiell mehr Möglichkeiten wie bspw. in einer relationalen Datenbank.

In vielen Fällen macht es Sinn, dass Prozesse ihre Objekte bei Programmende archivieren, um sie beim nächsten Programmlauf wieder zu animieren. Solche Objekte werden auch persistente Objekte genannt, weil sie von einem Programmlauf (Prozess) zum nächsten erhalten bleiben. Die Frage ist, wo sollen diese persistenten Objekte archiviert werden? Heute werden diese Objekte in der Regel in Datenfiles untergebracht. Manche objektorientierten Programmiersprachen bieten hierfür eine Standardlösung, andere Sprachen unterstützen persistente Objekte (noch) nicht und der Programmierer muss hierfür eine eigene Lösung entwickeln. Wie auch immer - dieser Ansatz funktioniert ganz gut, solange nur ein einziger Prozess mit dem Objektarchiv arbeitet. Sind mehrere Prozesse an den Objekten im Archiv interessiert, so muss dieser Zugriff synchronisiert[1], d. h. aufeinander abgestimmt werden, sonst werden inkonsistente Informationen genutzt oder festgeschrieben. Darüberhinaus ist ein entsprechender Zugriffsschutz zu implementieren: nicht jeder Prozess darf unbedingt mit allen Objekten nach Gutdünken verfahren. Außerdem muss das Objektarchiv garantieren, dass keine Objekte verloren gehen bei Systemabstürzen, Platten- und anderen Hardware-Defekten. Schon diese hier angesprochenen Anforderungen zeigen: eigentlich wäre ein Datenbanksystem das geeignete Objektarchiv, denn Datenbanksysteme verfügen im allgemeinen über die oben gewünschte Funktionalität. Die Sache hat jedoch einen Haken. Konventionelle Datenbanken sind nur für die klassischen Datentypen aufnahmebereit (zahlen- und zeichenartige Datentypen und Kompositionen daraus). Die Typenvielfalt[2] der Objekte überfordert diese konventionellen Systeme. Lö-

---

[1]Objekt-Locking analog zum Record-Locking beim gemeinsamen Dateizugriff.

[2]Neben Zahlen und Zeichen: Bilder, Diagramme, Spreadsheets, Sound, Videos, CAD-Pläne, usw. Neben diesen Datenelementen verfügen Objekte ja auch noch über Methoden (Elementfunktionen), die es zu archivieren gilt.

sungen, die hier angeboten werden, sind Objektkonverter für relationale Datenbanken: ein Objekt wird vor der Ablage in entsprechende Einzelteile zerlegt. Beim Herausholen aus der relationalen Datenbank wird das Objekt vom Objektkonverter wieder zusammengebaut. Dieses Zerlegen und Zusammenbauen kostet jedoch erheblich Zeit! Besser ist da schon eine objektorientierte Datenbank, in die Objekte in ihrer Ganzheit eingebracht und wieder ausgegeben werden können. Dabei ist es nicht nur der Vorteil, dass die Zeit des Auseinander- und Zusammenbaus gespart wird! Objektorientierte Datenbanken sind prinzipiell leistungsfähiger als relationale Datenbanken. Komplexe, mächtige Strukturen darstellen zu können, liegt in der Natur der Objekte und was man mit ihnen machen kann: Ableitungen und Zusammensetzungen bilden, sie Botschaften austauschen lassen, u. v. a. m. Und das vielleicht Erstaunlichste dabei: dies alles läßt sich pflegeleicht, redundanzfrei und effiezient realisieren Auf diese Weise können die objektorientierten Datenbanken das Erbe des netzwerkorientierten DB-Modells (ohne dessen Nachteile) antreten, wenn es um die Darstellung komplexer Strukturen geht. Auf natürliche Weise können über ein- und dieselbe Datenmenge (genauer Objektmenge) mehrere Strukturen gelegt werden, die jeweils für sich bedeutsam und vollkommen unabhängig voneinander sind (siehe Bild).

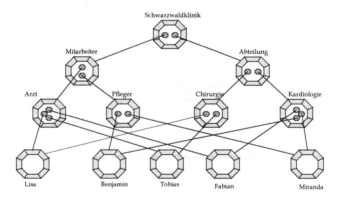

Bild 4: Mehrfachstrukturen in der OODB

Ein weiterer Pluspunkt: die Flexibilität. Mit Hilfe bestimmter Objekttechniken (vor allem der Vererbung) lassen sich die eingebauten Datentypen

bedarfsweise um applikationsspezifische Klassen (die u. a. von den eingebauten Klassen abgeleitet sind) ergänzen. Damit lassen sich OODB-
Systeme für Aufnahme jeglicher Art von Informationen präparieren (durch
den Datenbankanwender wohlgemerkt). Damit noch nicht genug! Die Objekte in der Datenbank müssen darin nicht nur passiv gelagert sein, die Objekte können durchaus aktiv sein! Damit lassen sich auf elegante Art Trig-
ger[1] und sich selbst überwachende Daten (pardon: Objekte) implementieren.

All diese phantastisch anmutenden Möglichkeiten auf dem Datenbanksek-
tor hier detaillierter auszuführen, würde den Rahmen dieser Arbeit spren-
gen. Der Autor will damit sein Plädoyer für die Objektorientiertheit unter-
mauern und verdeutlichen, warum die Objektorientiertheit zur
Mainstream-Technologie der Informatik geworden ist.

Nach den beiden Ausflügen in die Welt der Betriebssysteme und Datenbanken wollen wir uns wieder unserem eigentlichen Thema, der Software-
konstruktion zuwenden.

1.3 Warum objektorientierte Programmierung?

Mit den Beispielen vom OOOS[2] und dem OODBMS[3] mag OOP[4] schon
mehr als hinreichend begründet sein. Wir wollen aber noch genauer darauf eingehen, welche Vorteile sich schon während der Implementierungsphase durch die Anwendung der Objekttechnik ergibt.

1.3.1 Rapid Prototyping und schrittweise Verfeinerung

Der Programmierer kann rasch für neue Applikationen und Projekte Objekte entweder von bestehenden ableiten, oder neu entwickeln, ohne be-

---

[1]Ein Objekt, das ein oder mehrere Datenelemente hinsichtlich Werteüber- oder -
unterschreitung überwacht und diese Wertebereichsverletzungen meldet oder auch behandelt. Objektorientierten Triggern stehen umfangreichere Möglichkeiten zur Verfügung als
den in konventionellen Datenbanken möglichen Triggern.

[2]Object Oriented Operating System.

[3]Object Oriented Data Base Management System.

[4]Object Oriented Programming.

fürchten zu müssen, Details festzulegen, die eine spätere Änderung er-
schweren.

Hierzu ein Beispiel: Nehmen wir einmal an, unsere Applikation benötigt
sortierte Daten. Nun kann ein Programmierer des Teams eine geeignete
Klasse mit entsprechenden Schnittstellen definieren und dem Projektteam
zur Verfügung stellen. Existiert im Projekt noch keine für eine Ableitung
taugliche Basisklasse, so kann zunächst ein einfacher Algorithmus auf einem Array implementiert werden. Der verwendete Algorithmus und die
implementierte Datenstruktur sind vielleicht ineffizient, können aber
durchaus hinreichend für einen Prototyp sein. Im Laufe des Projektfort-
schritts läßt sich im Rahmen der Verfeinerung, wenn es angezeigt ist, das
Array durch eine dynamische Liste ersetzen und der ursprüngliche Sortier-
algorithmus wird ebenfalls ausgetauscht und arbeitet nun optimal mit der
neuen Datenstruktur zusammen. Auf Grund der Kapselung haben all diese
Änderungen nur minimalen oder gar keinen Einfluß auf den Rest des Systems!

1.3.2 Designschwerpunkt liegt auf der Architektur

Der Designschwerpunkt wird auf die Architektur gesetzt statt auf die Implementierungsdetails. Objektorientiertes Programmieren zwingt den Programmierer, den Schwerpunkt seiner Überlegungen zunächst auf das Design guter Klassen zu konzentrieren und sich weniger von funktionalen
low-level Implementierungsdetails während des Designs leiten zu lassen.
In den Fällen, wo von Basisklassen abgeleitet werden kann, entfällt die
Implementierung sogar weitgehend!

Im Rahmen der schrittweisen Verfeinerung wird die Lösung also zunächst
mit einer minimalen Implementierung skizziert und dann laufend - Stück
für Stück - verfeinert, vervollständigt und verbessert. Auf diese Art und
Weise lassen sich Fehler so frühzeitig feststellen, dass sie nicht erst später
zum großen Problem werden können. Durch den Einsatz des arbeitsfähi-
gen Prototyps lassen sich außerdem Designentscheidungen validieren, bevor sie festgeschrieben werden.

1.3.3 Produktivität und Sicherheit nehmen zu

Wie sieht die Arbeit zahlreicher Programmierer heute aus? Zeichen für Zeichen, Zeile für Zeile, Seite für Seite werden heute noch Programme in der gleichen Art geschrieben, wie in der Steinzeit der Programmierung Anfang der fünfziger Jahre unseres Jahrhunderts. Für den Hardwareingenieur hat sich die Welt seit damals dramatisch verändert: verwendete die damalige Ingenieurgeneration zum Aufbau der Computerelektronik diskrete elektronische Bauteile um die logischen Gatter zu implementieren, so ist der heutige Elektroniker und Systemdesigner meilenweit davon entfernt - er verwendet standardisierte Bausteine aus den Bausteinkatalogen der großen Halbleiterhersteller. Ein solcher Baustein, Hardware-IC[1] genannt, ist bezüglich seiner Schnittstellen, seinen elektronischen und logischen Eigenschaften genau spezifiziert und kann vom Benutzer als "black box" gesehen werden. Diese Bausteine sind ausgetestet, bewährt und zuverlässig; dafür sorgt der IC-Hersteller.

Im gleichen Maße wie der Hardware-IC von den Details der Gatterimplementierung abstrahiert, steigt die Produktivität des Hardwaredesigners. Genau dieser Effekt ist auch für den Softwareentwickler anzustreben.

Der Softwareentwickler muss auf Software-ICs[2] zugreifen können, um eine vergleichbare Erhöhung der Effizienz und Produktivität zu erleben. Um solche Software-ICs zu verwirklichen, sind in den vergangenen Jahren zahlreiche Anstrengungen unternommen worden. Der Durchbruch ist aber erst der objektorientierten Softwaretechnik gelungen: durch die strenge Isolation von Eigenschaften hinter den definierten Schnittstellen der Objekte kommt man zu Software-Moduln, die sich in verschiedenen Projekten und Produkten immer wieder einsetzen lassen.

Zum Quantensprung im Bereich der Effizienz bekommt man als Morgengabe obendrein die Sicherheit der Software verbessert und deren Komplexität reduziert. Die gesteigerte Sicherheit ergibt sich aus der nur begrenzten äußeren Beeinflußbarkeit der Objekte. Objekte sind gegen das pathologische Verhalten anderer Objekte weitgehend immun, da sie ja als

---

[1]Integrated Circuit

[2]Der Begriff wurde von Brad J. Cox in "System-building with Software-ICs" geprägt.

Botschaftenempfänger für die Ausführung der korrespondierenden Methoden selbst zuständig sind. Durch die strenge Isolation von Eigenschaften in den Objekten ist obendrein der Übeltäter leichter als bisher zu identifizieren. Die Reduktion der Komplexität der Software ergibt sich durch das Verbergen der Details in den Objekten. Die Objekte sind als Bausteine auf einem bestimmten Abstraktionsniveau definiert und der Umgang mit diesen Bausteinen setzt keine Detailkenntnisse voraus.

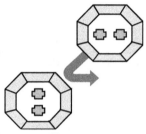

Bild 5: Fehlbehandlung ausgeschlossen.

1.3.4 Bessere Wartbarkeit und Erweiterbarkeit

Überraschenderweise unterstützen die gleichen objektorientierten Konzepte, die das Rapid Prototyping unterstützen, auch die Software-Wartung und Pflege. Wenn Schnittstellen zwischen den abstrakten Datentypen sorgfältig entworfen sind, läßt sich die Fehlerbehebung oder die Erweiterung um zusätzliche Funktionalität mit nur einem minimalen Einfluß auf andere Systemteile durchführen, weil der Ort des Eingriffs genau definierbar ist und die Abhängigkeiten überschaubar sind. Dieser Sachverhalt hat zwei wesentliche Nebeneffekte: *Erstens* läßt sich mit hoher Sicherheit ausschließen, dass sich durch Fehlerkorrekturen neue Fehler einschleichen und *zweitens* unterstützt damit die objektorientierte Programmierung das Entwerfen und Schreiben änderungsfreundlicher Software.

1.4 Ojektorientierte Analyse und objektorientiertes Design?

Warum sollen vor der Programmierung, während der Analyse- und der Designphase, die Objekttechniken von Vorteil sein? Muss der Architekt die gleichen Methoden für die Planung verwenden wie der Maurer für den Bau? Der Hausarchitekt kann das auch überhaupt nicht. Mittels der Objekttechnik sind Informatiker allerdings in der glücklichen Lage, dass der Designer die gleiche Methode verwenden kann wie der Programmierer, und das bringt schon substantielle Vorteile. Eine konventionelle Spezifikation entsprechend einer strukturierten Methode (z. B. SADT oder SA/SD) ist für die objektorientierte Programmierung nur sehr eingeschränkt brauchbar. Zum einen unterscheiden sich Terminologie und Darstellung zwischen dem strukturierten Design und der objektorientierten Implementierung, mit der Konsequenz, dass sich Designer und Implementierer auf Anhieb nicht verstehen. Zum zweiten müssen die strukturierten Darstellungen der Spezifikation vom Implementierer in die Objektorientiertheit übersetzt werden, was praktisch einem Redesign gleichkommt und mit allen Problemen von Abbildungen einer Methode auf eine andere verbunden ist (Fehlinterpretation, Informationsverlust, ...).

Erst wenn auch in der Analyse- und Design-Phase objektorientiert gedacht, notiert und gesprochen wird, haben wir es mit einer bruchlosen Technologie über den gesamten Lebenszyklus eines Softwaresystems zu tun, die uns außerdem den Vorteil einer einheitlichen Terminologie über alle Phasen hinweg beschert und dadurch letztlich auch die Design-Phase auf eine geringere Distanz zur Implementierungsphase bringt.

Es hat sich bisher noch keine einheitliche Vorgehensweise für die OOA[1] und die OOD[2] herausgebildet. Es gibt aber verschiedene Vorschläge, die einen guten Eindruck machen und durch Werkzeuge unterstützt werden. Wir werden auf das Thema OOA/OOD zurückkommen, wenn wir mit OOP vertraut sind. Wenn wir die Paradigmen der Objektorientiertheit kennen, werden wir konkret die durch sie gegebenen Vorteile in den frühen Phasen Analyse und Design benennen können.

---

[1]Objektorientierte Analyse

[2]Objektorientiertes Design

2 Take off: Die Sprache C++

Nachdem wir bisher über die Tragweite der Objektorientiertheit philoso-
phiert haben, wollen wir uns mit dieser Technik selbst auseinandersetzen.
Für den praktischen Teil benutzen wir hierfür C++.

Ausgehend vom prozeduralen Paradigma will die Serie in die objektorientierte Denkweise und Programmierung einführen. Zu diesem Zweck wird
auch der Darstellung der Terminologie ein breiter Raum eingeräumt. Es
wird bewußt darauf verzichtet, englische Begriffe einzudeutschen. Wir benutzen also die Terminologie der amerikanischen Kollegen und erleichtern
so dem Leser die breite Orientierung. Als Programmiersprache nutzen wir
C++. C++ wird, davon sind wir überzeugt, den Stellenwert von C ein-
nehmen. Dafür sprechen mehrere technische Gründe, die im Verlaufe der
Serie mehrfach herausgearbeitet werden und an dieser Stelle noch beiseite
gelassen werden können. Ein ganz anderer Grund ist die Tatsache, dass
C++ ein technologisch hochwertiges Werkzeug ist, das dem heutigen C-
Programmierer vermutlich auf Jahre hinaus eine stabile Plattform bietet,
unter Einbeziehung seines heutigen Know Hows!

Wo soll eine Darstellung der Sprache C++ beginnen? Sollen wir annehmen-
men, dass der Leser die Untermenge C bereits kennt und er sich deswegen
auf die Darstellung der objektorientierten Paradigmen und deren konkrete
Umsetzung in C++ konzentrieren kann? Oder soll eine Einführung in C++
bei "Adam und Eva" beginnen, sprich bei der Sprache C? Nun, wir werden
hier einen Kompromiss eingehen! Wir nehmen an, dass die geneigte Le-
serschaft nicht nur aus C-Programmierern besteht. Auch Cobol-, Fortran-,
Pascal-, Modula- und Ada-Programmierer werden unter den Lesern[1] sein.
Da die prozedurale, imperative Programmierart ja all diesen Programmierern vertraut ist, genügt hier eine knappe Darstellung von C. Ich denke,

---

[1]Wenn Sie wollen, teilen Sie mir doch mit, in welcher Sprachlandschaft Sie zuhause sind!
Sie erreichen mich entweder via eMail: illik@ambit.de oder per Fax: 07723.50267.

auch Programmierer aus dem Smalltalk-, Prolog- und Lisp-Lager dürften
sich mittels der knappen, informalen und mit Beispielen durchsetzten Darstellung von C in der prozeduralen Welt rasch zurecht finden.

2.1 Für wen ist C++?

C++ kommt in erster Linie für alle C-Programmierer in Frage, ist C++
doch die Sprache, die für diese Programmierer Vertrautes beinhaltet und
zusätzlich neue, leistungsfähige Konzepte bietet. Durch seine objektorientierten Konzepte ist C++ ein mächtigeres Werkzeug als C. Doch schon alleine die nicht objektorientierten Erweiterungen von C++ gegenüber C
rechtfertigen den Vorzug von C++ gegenüber dem klassischen C. Da C++
ein Hybrid[1] (aus objektorientierter und traditioneller Sprache) ist, kann der
C-Programmierer sich Stück für Stück von den neuen Konzepten und
Denkweisen aneignen. Ein Vorteil, der von keiner anderen objektorientierten Sprache in dieser Form angeboten wird. Jenseits dieser Zielgruppe ist
die Sprache aber grundsätzlich für alle geeignet, die die Vorteile der abstrakten Datentypen und der objektorientierten Programmierung nutzen
wollen und gleichzeitig auch die Laufeffizienz von C brauchen. Ob sich
die C++-Interessenten auf PCs, Workstations, Midrange-Rechnern oder
Mainframes tummeln, spielt keine Rolle: C++-Compiler gibt es für Computer aller Größenordnungen.

Da C++ eine Erweiterung von C ist, wird der C++-Compiler auf gleiche
Weise eingesetzt wie der bisherige C-Compiler: der Vorgang des
Compilierens und Bindens bleibt wie gewohnt erhalten. Um den maxima-
len Vorteil von C++ zu nutzen, bedarf es jedoch eines anderen Programmieransatzes. Insbesondere betrifft das auch die frühen Phasen der Soft-
wareentwicklung: Der objektorientierte Gedanke muss bereits bei der Analyse und dem Design gegenwärtig sein. Noch eine Beobachtung: C++
macht in der Regel aus guten C-Programmierern noch bessere, aber aus

---

[1]Von manchen Sprachtheoretikern wird dieser hybride Charakter der Sprache C++ schwer
angekreidet. Vom pragmatischen Standpunkt aus betrachtet bietet eine hybride Sprache
aber durchaus gewichtige Vorteile: ein prozedurales Team kann sukzessive in die Objektorientiertheit hineinwachsen oder auch ein gemischtes Team mit prozeduralen und objektorientierten Mitgliedern kann in einem Projekt erfolgreich zusammenarbeiten. Außerdem
ist der prozedurale Anteil auch an einer objektorientierten Lösung häufig in größerem Umfang sinnvoll, wie mancher zunächst annimmt.

schlechten C-Programmierern werden nicht notwendigerweise gute C++-Programmierer.

2.2   C und C++ sind sich sehr ähnlich

Der prozedurale Teil von C++ ist weitestgehend abwärtskompatibel zu C. Ein bestehendes C-Programm bedarf in der Regel nur weniger oder keiner Änderungen, um ein C++ Programm zu werden, dies ist dann selbstverständlich noch nicht objektorientiert, aber vom C++-Compiler übersetzbar. C++ steht in der Tradition von C: selbst die fortschrittlichen Konzepte sind effizient implementiert und ein teures Laufzeitsystem ist nicht notwendig. C++-Programme werden in der gleichen Weise übersetzt und gebunden wie C-Programme. Separate Compilierung, die Verwendung von Standardbibliotheken und die Einbindung von Fremdsprachenmoduln sind in gleicher Weise möglich.

2.3   C und C++ sind sehr verschieden voneinander

Bei genauer Betrachtung ergeben sich jedoch gravierende Unterschiede zwischen C und C++. Im allgemeinen sind gut geschriebene C++ Programme[1] auf Quellcode-Ebene zwischen 20% und 50% kleiner als entsprechende C-Quellen. C++ unterstützt ein Modul-Design auf höherer Ebene als C. Hier verhält sich C++ zu C so wie sich C zu Assembler verhält. In C++ stehen die Klassen im Mittelpunkt der Überlegungen. In dem Maße wie Datentypen entworfen werden, gilt es auch ihre Attribute und Operatoren zu definieren. Damit wird ein hastiges Design erschwert. C++ unterstützt mittlere und große Programme besser als C. Um diesen Vorteil auszuschöpfen, bedarf es aber eines anderen Design- und Programmieransatzes.

---

[1] Das gilt für Programme mittleren und großen Umfangs.

2.4 Historie von C++

C++ ist das Resultat von Forschungsanstrengungen zur Erweiterung der
Sprache C, um Datenabstraktionen und objektorientierte Programmierung
zu unterstützen. Im wesentlichen wurde diese Arbeit von Bjarne Stroustrup
in den AT&T Bell Laboratories geleistet.

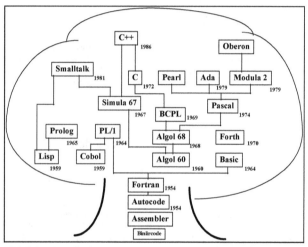

Bild 6: Der Sprachenbaum

Bjarne Stroustrup motivierte[1] die Entwicklung von C++ so: *"The Language was originally invented because the author wanted to write event-
driven simulations for which Simula67 would have been ideal, except for
efficiency considerations"*. Auslöser der Sprachentwicklung war also der

---

[1]Bjarne Stroustrup: "The C++ Programming Language"; Addison-Wesley Puplishing Com-
pany; Reading, Massachusetts, USA, 1986

Wunsch, Programme zu entwickeln, die bei maximaler Ausführungsge-schwindigkeit mit nur minimaler Codegröße aufwarten.

Hier einige wichtige Entwicklungsschritte: Im August 1981 veröffentlich-te Stroustrup den Artikel "Classes: An Abstract Data Type Facility for the C Language". Dezember 1984: C++ ist offiziell außerhalb von AT&T verfügbar. Hierbei handelt es sich um Release E, das im Rahmen einer "educational license" vor allem an US-Universitäten vergeben wurde. No-vember 1985: Ab nun ist C++ kommerziell verfügbar. Dieses Release 1.0 kostete ca. 2000$. Dieses Release implementierte die Sprache C++, so wie sie in Stroustrups Buch "The C++ Programming Language" beschrie-ben wird. Juli 1986: Version 1.1 von C++ wird ausgeliefert. Der Compiler hat weniger Fehler, ist schneller und produziert besseren Code. Diese Ver-sion enthält auch einige Erweiterungen gegenüber dem Stroustrup-Buch: Zeiger auf Klassenelemente und geschützte Klassenelemente werden ein-geführt. September 1987: Version 1.2 von C++ wird ausgeliefert. Einige interne Verbesserungen (vor allem die Benamung generierter Variablen) gestatteten nun, dass der erzeugte C-Code von mehreren C-Compilern übersetzt werden kann. Außerdem ist ab nun die Überladung von `unsigned int` und `unsigned long` Funktionen möglich. Mitte 1989: Version 2.0 von C++ wird ausgeliefert. Diese Version enthält eini-ge wesentliche Verbesserungen: Mehrfachvererbung, inklusive virtueller Basisklassen; typsicheres Binden überladener Funktionen; reihenfolgeun-abhängiges Overload-Matching; Default-Zuweisung geht jetzt elementwei-se statt bitweise. Die Operatoren `new` und `delete` können für jede Klasse überladen werden. 1990: Version 2.1 ist da. Im konventionellen Teil ist die Sprache jetzt fast 100% kompatibel zu ANSI-C (auch als C90 be-kannt).

Im ANSI-Kommitee (X3J16) zur Normierung von C++ sind mehr als 40 Firmen vertreten. Ausgangsbasis für die Normierung war die Version 2 von C++ und die von Bjarne Stroustrup vorgeschlagenen Erweiterungen[1]. Wir halten uns an den Standard ISO/IEC 14882 „Standard for the C++ Programming Language". ISO/IEC-Standardisierungen wurden dann in den Jahren 1998 und 2003 zum Abschluß gebracht.

---

[1] M. Ellis & B. Stroustrup "The Annotated C++ Reference Manual", Addison-Wesley, 1989

3 Die Basis von C++ - das klassische C

Haben wir in der ersten Folge die Vorteile der Objektorientiertheit dargestellt, so wenden wir uns in diesem Beitrag der Programmiersprache C++
zu. In der C++-Fibel werden wir uns zunächst mit dem konventionellen,
also nicht objektorientierten Teil von C++ auseinandersetzen. Diesen Part
kann der C-Kenner sehr rasch überfliegen oder auch ganz auslassen: im
nicht objektorientierten Teil ist C++ weitestgehend identisch mit dem klassischen C. Wir richten uns mit der C++-Fibel und dem darin dargestellten
Subset C an die Cobol-, Fortran- Pascal-, Modula-, Ada-, Smalltalk-, Pro-
log- Lisp- und Assembler-Programmierer, die in C++ einsteigen wollen
und über noch keine C-Kenntnisse verfügen. Die nicht objektorientierten
Erweiterungen und Neuigkeiten von C++ stellen wir zusammengefaßt
nach der C++-Fibel vor. Hier kann dann der C-Profi einsteigen.

3.1 Die C++-Fibel

Das Skelett der Sprache ist im wesentlichen gegeben durch die Datentypen, die Kontrollstukturen und die Operatoren. Die Grundzüge dieser
Konzepte sollen zunächst dargestellt werden.. Wir werden sehen, wie Programme aufgebaut sind, was es mit dem Blockkonzept auf sich hat und uns
dann mit den Datentypen auseinandersetzen. Wir lassen die skalaren und
zusammengesetzten Datentypen Revue passieren und schließen dieses
Thema mit einer Betrachtung der Typkonvertierung ab. Nachdem wir mit
dem Datenkonzept der Sprache in den Grundzügen vertraut sind, wenden
wir uns den Konstrollstrukturen zu: wir werden alle Schleifen- und Selektionsanweisungen sehen. Was jetzt noch fehlt sind die Operatoren. C++
bietet sehr viele Operatoren an. Die werden wir nicht alle im Einzelnen
vorstellen. Auf einige wenige werden wir aber doch detaillierter eingehen,
weil sie doch maßgeblich für das typische C-Feeling verantwortlich sind.

Am Ende der C++-Fibel werden wir noch kurz den Präprozessor behandeln. Insgesamt haben wir damit die Grundlage gelegt, um darauf mit den objektorientierten Konzepten aufzubauen.

3.1.1 Wie C-Programme aufgebaut sind

Vereinfacht ausgedrückt bestehen C-Programme aus einer Sammlung von Funktionen. Bei kleinen Programmen stehen sämtliche Funktionen in einem einzigen Modul[1]. Bei mittleren und großen Programmen werden die Funktionen zweckmäßigerweise in mehreren Moduln untergebracht. Die konstruktiven Einheiten, mit denen die Modulbildung betrieben wird, sind also die Funktionen. Prozeduren, als selbständige syntakische Elemente, sind als solche nicht in der Sprache enthalten. Das Prozedurkonzept wird vielmehr durch die Funktionen abgedeckt.

Funktionen können so geschrieben weden, dass sie ein Ergebnis zurückliefern, sonst aber keine Datenobjekte der aufrufenden Funktion manipulieren: die aufgerufene Funktion bekommt ihre Parameter mittels call by value und gibt einen Returnwert zurück. C-Funktionen dieser Art entsprechen den Pascal-Funktionen. Andererseits können aber C-Funktionen auch so gestaltet werden, dass sie keinen Returnwert zurückgeben und ihre Wirkung somit ausschließlich in der Manipulation von Datenobjekten des Aufrufers besteht. Diese C-Funktionen werden als void-Funktionen bezeichnet und entsprechen den Pascal-Prozeduren. Wird in einer non-void Funktion kein expliziter Return-Wert vereinbart, so gilt der Return-Wert der Funktion als undefiniert. Im übrigen bestimmt der Datentyp des zurückgereichten Wertes den Typ der Funktion.

Funktionen sind Einheiten, die parametriert werden können. Hier entspricht C ganz den gängigen Hochsprachkonzepten. In den Funktionsköpfen sind die formalen Parameter als Positionsparameter aufzulisten und der Typ jedes einzelnen formalen Parameters ist zu spezifizieren. Diese Funktionsschnittstelle wird in aller Regel vor ihrer Verwendung mittels eines Prototyps bekannt gemacht. Damit hat der Compiler die Möglichkeit, an der Aufrufstelle zu prüfen, ob formale Parameter hinsichtlich Typ und An-

---

[1] In unserem Kontext entspricht ein Modul einer Datei.

zahl, sowie der formale und der aktuelle Returnwerttyp zusammenpassen. Dieser Prototyp darf aber auch fehlen: dann werden für Funktionsaufrufe keinerlei Prüfungen durchgeführt. Es wird nicht geprüft, ob im Funktionsaufruf die Anzahl der aktuellen Parameter und deren Typen mit der Anzahl und den Typen der formalen Parameter in der Funktionsdefinition übereinstimmt. Dies ist eine Reminiszenz an die Kernighan-Ritchie-Version von C und alte C-Programme bleiben mit unveränderter Semantik übersetzbar.

Übergeben werden die Parameter standardmäßig "by value", das heißt, die aufgerufene Funktion bekommt Kopien von den aktuellen Parametern. Ist der zu übergebende Parameter jedoch ein Array, so erfolgt die Parameterübergabe "by reference": die aufgerufene Funktion bekommt die Adresse der aktuellen Parameter und kann nun diese direkt bearbeiten. Funktionen können in C außer über Parameter und Returnwerte auch über globale Variablen und Betriebssystem-Dienste kommunizieren. Insgesamt ist das Funktionskonzept durchaus griffig. Leider ist noch eine Fußangel enthalten, die C-Novizen gelegentlich zu schaffen macht: Beim Funktionsaufruf finden nämlich implizite Typkonvertierungen statt, die man kennen muss, um erfolgreich programmieren zu können. Mit diesen Konvertierungen setzten wir uns weiter unten auseinander.

Alles in einer Datei ...

```
/* diese Datei enthält zwei Funktionsdefinitionen: gruss() und main()
*/
void gruss(char *meldung); /* Prototyp */
void main(void)
{
gruss("Viel Erfolg mit C++!\n");
}
void gruss(char *meldung)
{
printf("%s\n",meldung);
}
```

... oder in mehreren Dateien

In der einen Datei: .....

```
/*Diese Datei enthält die Funktionsdefinition des Hauptprogramms:
main()*/

extern void gruss(char *); /* extern-Deklaration */

void main(void)

{

  :

}
```

..... in der anderen Datei:

```
/*Diese Datei enthält die Funktionsdefinition des Unterprogramms
gruss()*/

void gruss(char *meldung)

{

  :

}
```

Bild 7: Funktionen als Modulinhalte

In der Aufteilung eines komplexen Programms in mehrere kleine Funktionen sollten sich die verschiedenen Ebenen der Modellbildung (Abstraktionsstufen) wiederspiegeln. Bei einem so gestalteten Systemdesign ist die Menge aller Funktionen dann hierarchisch strukturiert, sodass die "niederen" Funktionen (die "Mechanismusroutinen") die Werkzeuge der "höheren" Funktionen (der "Strategieroutinen") sind ("Strategie-Mechanismus-Prinzip"). Da C-Compiler separate Compilierung erlauben und Unix über ein hierarchisches Dateisystem verfügt, lassen sich auf Unix-Systemen die Zerlegungsstrukturen auch anschaulich darstellen, indem einzelne Funktionen in entsprechend im Dateissystem angeordneten Dateien untergebracht werden.

3.1.2 Blockkonzept

Die nächstkleinere Strukturierungseinheit sind Blöcke innerhalb der Funktionen. Die Blockbildung erfolgt mit geschweiften Klammern und spielt insbesondere bei den Kontrollstrukturen eine Rolle. Das Blockkonzept ist

von Algol 60 übernommen und dient wie bei allen von Algol abstammen-
den, blockorientierten Sprachen dazu, um den Geltungsbereich und die
Lebensdauer von Programmgrößen, wie z. B. Variablen und Funktionen zu
regeln. Zusätzlich zum Blockkonzept stellt C noch einen weiteren Mechanismus zur Steuerung des Geltungsbereichs zur Verfügung: das Speicherklassenkonzept. Wir gehen darauf an anderer Stelle ein.

Blöcke können in C geschachtelt werden, nicht jedoch Funktionen. Also
abweichend von der Pascal-Manier sind sämtliche Funktionen innerhalb
einer Quelldatei sequentiell anzuordnen, das Ineinanderschachteln von
Funktionen ist nicht möglich. (Siehe Beispiel oben.) Werden Funktionen
vor ihrer Definition verwendet, so sollte der Programmierer, wie bereits
erwähnt, diese Funktion tunlichst in einer Vorwärtsdeklaration oder besser
mittels eines Prototyps deklarieren. (Im Beispiel oben ist der Prototyp zu
sehen.) Der Compiler erzwingt Prototypen und Vorwärtsdeklarationen
zwar nicht, aber im Sinne einer typsicheren Syntaxprüfung der Aufrufstelle sollte ein Protoyp nie fehlen.

3.1.3 Datentypen

Von der Qualität der angebotenen Datentypen hängt ganz wesentlich ab,
wie natürlich sich eine Anwendung mit Hilfe einer Sprache modellieren
läßt. Diesbezüglich ist schon das Angebot des klassichen C als gut zu bezeichnen; um die Daten technischer, kommerzieller oder wissenschaftli-
cher Applikationen zu modellieren, stehen genügend Standarddatentypen
zur Verfügung. Zusätzliche, eigene Datentypen lassen sich leicht zusammensetzen. C++ bietet vor allem im Bereich der zusammengesetzten Datentypen einige, von der Objektorientiertheit geprägte, neue Datentypen.
Diese wollen wir zunächst noch nicht betrachten, da wir hier zunächst die
Grundlagen für diese leistungsfähigeren, objektorientierten Datentypen
kennenlernen wollen. In der folgenden Tabelle werden die Schlüsselworte
für die skalaren und zusammengesetzten Datentypen vorgestellt.

Datentyp	Bedeutung
char	Zeichen
const	Konstante (nicht K&R)
double	Gleitkommazahl, doppelte Genauigkeit
enum	Skalarer Aufzählungstyp (nicht K&R)

float	Gleitkommazahl, einfache Genauigkeit
int	ganze Zahl
long	ganze Zahl, mit erweitertem Wertebereich
unsigned	ganze Zahl, vorzeichenlos
signed	ganze Zahl, mit Vorzeichen (nicht K&R)
short	ganze Zahl
struct	Struktur, zusammengesetzt aus anderen Typen
typedef	Deklaration zusätzlicher Datentypen
union	Union, zusammengesetzt aus anderen Typen
void	typenlos (nicht K&R)
volatile	fremdmodifizierte Programmgrößen[1](nicht K&R)

Bild 8: Datentyp-Schlüsselworte[2]

3.1.3.1 Skalare Datentypen

An skalaren Datentypen bietet C hinsichtlich Umfang und Qualität das gleiche wie etwa Pascal. Skalare Datentypen gibt es für ganze Zahlen (Typ int), für reelle Zahlen (Typ float) und für Zeichen (Typ char). Von den ganzzahligen Objekten gibt es implementierungsabhängig bis zu drei verschiedene Größen: zusätzlich zum Typ int die Typen long und short. Auch vorzeichenlose ganze Zahlen lassen sich definieren (Typ unsigned). Neben den einfachen Gleitkommazahlen können auch doppeltgenaue Gleitkommazahlen definiert werden (Typ double).

---

[1]Zum Beispiel: Memory-Mapped-Register, Shared-Memory. Für Ausdrücke, die als volatile gekennzeichnete Variablen oder Konstanten enthalten besteht für den Compiler Optimierungsverbot.

[2]Um die Erweiterung gegenüber dem klassischen C von Brian W. Kernighan und Dennis M. Ritchie zu kennzeichnen, sind diese mit dem Hinweis "(nicht K&R)" gekennzeichnet.

Zusätzlich zu diesen gemeinhin bekannten Basisdatentypen kennt C noch einen weiteren basialen Datentyp: den Zeiger (engl. Pointer), auch Referenz genannt, der grundsätzlich an einen Datentpy gebunden ist. Implementierungstechnisch ist ein Pointer die Adresse des Objekts, auf das der Pointer zeigt. Verwendet werden Pointer typischerweise zum Aufbau dynamischer Datenstrukturen, wie z. B. Geflechte und Bäume, und in der hardwarenahen Programmierung, um beispielsweise Memory-mapped-Register zu bedienen. Auf Pointer sind die arithmetischen Operationen Addition (einer ganzen Zahl) und Subtraktion (einer ganzen Zahl oder eines anderen Pointers, der in dasselbe Konstrukt zeigen muss) zugelassen ("Pointerarithmetik"). Das Pointer-Konzept trägt einerseits erheblich zur Flexibilität der Sprache bei (das geht bei keiner anderen Sprache so elegant und leicht...), ist aber andererseits auch Ursache so mancher Probleme, insbesondere dann, wenn dem Programmierer diese Denkweise noch neu ist.

```
main(void)
{
        int min;      /* ganzzahlige Variable */
        float pi;     /* Gleitkomma-Variable  */
        char l;       /* Zeichen-Variable     */
        int *p_min;   /* Pointer-Variable     */
                      /* auf ganzahlige Objekte */
...
pi = 3.141592;
min = 1;
p_min = &min;
...
}
```

Bild 9: Definition skalarer Datentypen

Typ	Bit	Bit	Bit	Bit
char	8	8	8	
int	16	32	16	

long	32	32	32
short	16	16	16
unsigned	16	32	16
float	32	32	32
double	64	64	64
Exponent	11	8	11
Prozessor	**Intel 80x86**	**Mips R3000**	**Motorola 680xx**

Bild 10: Skalare Datentypen

3.1.3.2 Zusammengesetzte Datentypen

Einfach strukturierte Datentypen lassen sich aus allen skalaren Datentypen zusammensetzen. Daraus lassen sich dann wiederum komplex strukturierte Datentypen konstruieren. Betrachten wir zunächst den einfachsten zusammengesetzten Datentyp: das Array.

• Arrays

Das Array besteht aus einer Anzahl von Einzelelementen (Arraykomponenten), von denen jedes für sich eine Variable ist. Bezeichnenderweise müssen die Arraykomponenten alle vom gleichen Datentyp sein, d. h. alle Elemente sind z. B. ausschließlich Variablen für ganze Zahlen oder ausschließlich Zeichenvariablen, usw.

C läßt aber auch, wie oben schon erwähnt, Schachtelungen zu: eine Arraykomponente kann selbst wiederein Array sein. Auf diese Weise lassen sich (mehrdimensionale) Matrizen bilden. In den meisten Anwendungen sind die Arrayelemente jedoch skalare Größen.

Ein Array wird als Einheit durch einen Namen angesprochen. Die einzelnen Elemente innerhalb des Arrays werden durch einen Index, der dem Arraynamen folgt, in eindeutiger Weise bestimmt. Damit läßt sich jedes Ar-

rayelement ansprechen und auch verändern, ohne dass Nachbarelemente
von diesen Maßnahmen betroffen werden.

```
int vector[3];
...
vector[0] = 111;
vector[1] = 471;
vector[2] = 313;
```

Bild 11: Arraydefinition und Initialisierung

Das Array vector umfaßt 3 int-Elemente. Wie im Beispiel ersichtlich ist,
sind unterer und oberer Arrayindex nicht frei wählbar: der kleinste Index
ist stets 0 und der höchste Index ist um 1 kleiner wie die Arraylänge.

Aus der Verwandtschaft zwischen Pointer und Arrays resultiert die Möglichkeit, bei der Ansprache einzelner Arrayelemente die üblicherweise an-
gewandte Indizierung durch eine Pointer-Adressierung zu ersetzen. Diese
Möglichkeiten verwirren in der Regel den C-Neuling und machen Programme nicht gerade leichter lesbar, wenn beide Zugriffsformalismen auf
Arrayelemente in ein- und derselben Funktion verwendet werden. Sinnvol-
le Programmierkonventionen untersagen jedoch das Mischen dieser beiden
Techniken.

Strings (Zeichenketten) sind in C übrigens als Arrays vom Typ char zu
implementieren.

Neben dem Array ist die Struktur (structure) der nächste bedeutende zusammengesetzte Datentyp. Strukturen bestehen aus einer endlichen Anzahl
von Elementen aus skalaren oder zusammengesetzten Datentypen. Im Gegensatz zu Arrays müssen allerdings hier die einzelnen Elemente nicht typidentisch sein!

• Strukturen

Eine Struktur besteht aus mehreren Einzelelementen (Strukturkomponenten). Im Gegensatz zum Arraymüssen jedoch die Strukturkomponenten nicht alle vom gleichen Datentyp sein.

Die einzelnen Strukturkomponenten können entweder aus skalaren Werten oder wiederum aus zusammen-gesetzten Objekten, also Arrays und/oder Strukturen, bestehen. Auf diese Weise lassen sich beliebig komplexe anwendungsspezifische Strukturen modellieren. Wie schon vom Array her bekannt ist, wird auch die Struktur als Einheit mit einem Namen angesprochen. Jede einzelne Strukturkomponente hat wiederum einen eigenen Namen (member name), der sich von den Namen anderer Strukturkomponenten unterscheiden muss. Mit einer Folge von Namen (durch einen Punkt getrennt) läßt sich damit jede Strukturkomponente ansprechen und auch verändern, ohne dass davon andere Komponenten der Struktur betroffen sind.

```
struct telefon /* Deklaration eines Strukturtyps */
     {
     char name[81];
     char nummer[24];
     struct {        /* eingeschachtelte Struktur */
             int tag;
             int monat;
             int jahr;
             } geburtstag;
     };
...
telefon notiz; /* Definition einer Strukturvariablen */
...
strcpy(notiz.name,"Lisa");
strcpy(notiz.nummer,"089.90210");
notiz.geburtstag.tag = 15;
notiz.geburtstag.monat = 4;
...
```

Bild 12: Deklaration und Benutzung eines Strukturtyps

Von dem Datentyp structure gibt es in C zwei Derivate: den Datentyp union und den Datentyp bitfield. In beiden Fällen handelt es sich um Datenstrukturen, deren Elemente nicht typidentisch sein müssen.

- Union

In gewisser Weise erinnern die Unions an den varianten Record von Pascal. Sinn und Zweck der Unions ist die Abbildung all ihrer Elemente auf ein und denselben Speicherplatz. Der Programmierer muss deshalb bei Verwendung von Unions auch einen Protokoll-Mechanismus implementieren, der über den augenblicklichen Typ der Union Auskunft gibt, denn es kann (von bestimmten Tricks abgesehen) sinnvollerweise nur der Typ aus der Union extrahiert werden, der zuletzt hineingesteckt wurde.

```
union all_type
    {
    char u_char;
    float u_float;
    int u_int;
    } token;
...
token.u_char = 'a';
...
token.u_float = 3.141592; /* überschreibt 'a' */
```

Bild 13: Deklaration und Benutzung einer Union

Durch diese Definition wird für die Union token soviel Speicherplatz allokiert, dass sowohl zeichenartige Objekte wie auch ganzzahlige Objekte und Gleitkommazahlen darin abgelegt werden können. Eingesetzt werden Unions vor allem beim Aufbau inhomogener, platzsparender Tabellen (und zugegebenermaßen auch zum "Zaubern").

- Bitfeld

Die Bitfelder (bitfields) bestehen aus einer Anzahl aufeinanderfolgender Einzelbits innerhalb eines Objekts vom Typ int. In einem int-Objekt können allerdings mehrere Bitfelder untergebracht werden. Dabei muss beachtet werden, dass ein Bitfeld die Grenzen zwischen zwei `int`-Objekten nicht überschreiten kann.

```
struct {
        unsigned in:2;
        unsigned out:3;
        } status;
...
status.in = 3;
...
status.out = 7;
```

Bild 14: Deklaration und Benutzung eines Bitfelds

Der Name des Bitfeldes ist durch einen Doppelpunkt von der Längenangabe des Bitfeldes getrennt. Im obigen Fall sind alle Bitfelder zwei Bit lang. Eingesetzt werden Bitfelder typischerweise immer dann, wenn eine explizite Zuordnung von Informationen eines höheren Abstraktionsniveaus an Einzelbits angezeigt ist; dies ist häufig im Bereich der hardwarenahen Programmierung, wie z. B. im Betriebssystem- und Compilerbau der Fall.

• Aufzählungstyp

Bei den Aufzählungstypen handelt es sich um Neudefinitionen von Datentypen, deren diskreter Wertebereich durch die Aufzählung aller Elemente , den sogenannten Aufzählungsliteralen, festgelegt wird.

```
enum farbe
      {
      rot, orange, gruen
      };
...
farbe ampel;
...
ampel = orange;
```

Bild 15:Deklaration und Benutzung einer Aufzählung

Intern werden die einzelnen Werte aus der Wertemenge eines Aufzählungstyps durch ganze Zahlen dargestellt. Dabei wird der erste Aufzählungswert durch die Null repräsentiert. Die anderen Werte folgen entsprechend ihrer Definitionsreihenfolge mit einem jeweiligen Inkrement von 1. Aus diesem Grund ist die Wertemenge geordnet und die Relationsoperatoren <, >, usw. sind anwendbar. Außerdem dürfen Aufzählungswerte überall dort vorkommen , wo int-Konstanten stehen können.

Die interne Repräsentation der Aufzählungswerte kann allerdings bei der Typdefinition beeinflußt werden; dies wollen wir hier jedoch nicht weiter verfolgen.

3.1.3.3 Speicherklassen

Speicherklassen haben nichts mit dem Klassenkonzept der Objektorientiertheit zu tun! Das Speicherklassenkonzept dient dazu, die Lebensdauer von Namen zu regeln. Variablen der Speicherklasse auto leben nur innerhalb eines Blocks. Größen der Speicherklasse extern sind in allen Blöcken sämtlicher Funktionen eines Moduls bekannt ("globale Variablen"), außerdem sind Größen der Speicherklasse extern in anderen Moduln importierbar. Bei den Größen der Speicherklasse static muss man unterscheiden, ob es sich um Variablen- oder um Funktionsnamen handelt. Blocklokale Variablen der Speicherklasse static überleben jetzt das Blockende (z. B. Ende einer Funktion). Wird der Block irgendwann während der Programmlaufzeit wieder einmal betreten (z. B. erneuter Aufruf der Funktion), dann kann sich die static-Variable noch an ihren ehemaligen Wert erinnern. Eine etwas andere Bedeutung hat die Speicherklasse static im Zusammenhang mit den globalen Variablen eines Moduls, die bleiben sowieso während der gesamten Programmlaufzeit am Leben. Globale Variablen der Speicherklasse static sind nur innerhalb des Moduls in dem sie definiert wurden gültig und können nicht in andere Moduln exportiert werden. Auch Funktionen können von der Speicherklasse static sein. Hier verhält es sich ganz analog zu den globalen Variablen: eine static-Funktion ist nicht aus anderen Moduln aufrufbar, sie kann nur von Funktionen aus dem eigenen Modul gerufen werden. Wir sehen, die Speicherklasse static spielt eine wichtige Rolle, wenn es darum geht die Innereien eines Moduls zu schützen und vor anderen Moduln zu verbergen ("information hiding"). Bei der Darstellung des objektorientierten

Teils der Sprache werden wir noch zusätzliche und weitergehende Mittel zur Kapselung kennenlernen.

`auto`	dynamische Variable, Allokation beim Blockeintritt, Deallokation beim Blockaustritt
`extern`	Allokation zur Übersetzungszeit
`register`	wie auto, falls möglich, wird statt eines Speicherplatzes ein Register belegt
`static`	Allokation zur Übersetzungszeit

Bild 16: Speicherklassen-Schlüsselworte

```
int alpha;        /* Speicherklasse extern */
int main(void)
{
int beta;         /* Speicherklasse auto */
static int gamma; /* Speicherklasse static*/
...
```

Bild 17: Speicherklassen

3.1.3.4 Typkonvertierung

C verfügt über einen umfangreichen Satz von (internen) Konvertierungsregeln für Datentypen, die implizit ablaufen. Abgesehen von der expliziten cast-Operation registriert der Programmierer von diesen Typkonvertierungen nichts, er sollte sie aber tunlichst kennen. Am besten dokumentiert der C-Programmierer seinen Kenntnisstand, indem er den impliziten Konvertierungen durch eine explizite Konvertierung mit dem cast-Operator vorgreift. Die Programme werden außerdem dadurch lesbarer und sind leichter zu pflegen.

Typkonvertierungen treten in folgenden Fällen auf:

- Bei der Zuweisung an eine Variable anderen Typs (*assignment conversion*). Der Typ der Zielvariablen bestimmt den Typ.

- Bei einer expliziten cast-Operation (*type-cast conversion*)
- Bei der Abarbeitung von Ausdrücken (*operator conversion*). Hier bestimmen die Regeln der arithmetischen Konvertierung den Typ des Ausdrucksergebnisses.
- Beim Aufruf von Funktionen (*function-call conversion*). Zu welchem Typ die aktuellen Funktionsparameter konvertiert werden, hängt von der Existenz eines Prototys / einer Vorwärtsdeklaration ab. Fehlt ein solcher Prototyp oder existiert nur eine old-style-Vorwärtsdeklaration, so kommen die Regeln der arithmetischen Konvertierung zur Anwendung (also: float nach double; char nach int; unsigned char oder unsigned short nach unsigned int). Existiert ein Prototyp, und passen die aktuellen und formalen Parameter zusammen (type checking), so erfolgt, falls möglich, eine Konvertierung (assignment conversion; Anpassung der aktuellen Parameter an die im *Prototyp* genannten), andernfalls eine Fehlermeldung (etwa: Übergabe einer Struktur an ein Skalar).

Im folgenden sind die arithmetischen Konvertierungen zusammengefasst, wie sie z.B. bei der *operator conversion* ablaufen:

1. Sämtliche Operanden vom Typ float werden nach double konvertiert.

2. Ist einer der Operanden vom Typ double, so wird auch der andere nach double konvertiert.

3. Sämtliche Operanden vom Typ char oder short werden nach int konvertiert.

4. Sämtliche Operanden vom Typ unsigned char oder unsigned short werden nach unsigned int konvertiert.

5. Ist einer der Operanden vom Typ unsigned long, so wird auch der andere nach unsigned long konvertiert.

6. Ist einer der Operanden vom Typ long, so wird auch der andere nach long konvertiert.

7. Ist einer der Operanden vom Typ unsigned int, so wird auch der andere nach unsigned int konvertiert.

Achtung: In welcher Reihenfolge diese Konvertierungsregeln auf die einzelnen Operanden eines komplexeren Ausdrucks angewendet werden,
hängt von der Operatorpriorität ab.

```
main(void)
{
    int a;
    int b;
    float c;
    ...
    c = (float) a * b;
    ...
}
```

Bild 18: Eine explizite Typkonvertierung nach `float`

3.1.4 Kontrollstrukturen

Mit den Kontrollstrukturen stehen die Sprachelemente zur Verfügung, um
komplexe Ablaufstrukturen zu formulieren. Die Sprache C stellt eine Reihe von Kontrollstrukturen zur Verfügung. Im folgenden werden wir die
Schemata von einigen Kontrollstrukturen betrachten.

`break`	Beendet switch-Anweisung oder Schleife
`case`	Beginn eines Zweiges der switch-Anweisung
`continue`	Erzwingt nächste Iteration der kleinsten umfassenden Schleife
`default`	Beginn des Default-Zweiges der switch-Anweisung
`do`	Wiederholung mit abschließender Prüfung
`else`	Beginn der Alternative der if-Anweisung
`for`	Wiederholung mit vorangehender Prüfung
`goto`	Unbedingter Sprung
`if`	Bedingte Anweisung
`return`	Beendet Funktionsausführung und liefert dem Aufrufer den (optionalen) Returnwert.
`switch`	Auswahlanweisung

`while`   Wiederholung mit vorangehender Prüfung

Bild 19: Befehls-Schlüsselworte und Kontrollstrukturen

3.1.4.1 Wiederholungen

Es existiert eine Schleifenkonstruktion, die das Schleifenkriterium vor dem Eintritt in den Schleifenrumpf prüft. Daneben gibt es eine weitere Schleife, die das Schleifenkriterium erst nach dem Durchlauf des Schleifenrumpfes testet. Die Wiederholungsanweisung nach dem erstgenannten Muster ist die while-Anweisung:

- while-Schleife

Betrachten wir die while-Anweisung, die das Schleifenkriterium vor den einzelnen Wiederholungen prüft.

```
while (Kriterium_erfüllt)
   {
   Block_oder_Anweisung;
   }
```

Im folgenden Programm wird in einer while-Schleife das kleine 2er-Einmaleins berechnet und ausgegeben:

```
/* 51.c */
#include <stdio.h>
main(void)
{
      int multiplikator;
      int multiplikand;
multiplikator = 0;
multiplikand = 2;
while (multiplikator < 10)  /* Schleifenkopf        */
```

```
{                       /* Schleifenrumpf Anfang */
multiplikator = multiplikator + 1;
printf("%d\n",multiplikand * multiplikator);
}                       /* Schleifenrumpf Ende   */
printf("Ende des kleinen 2er-Einmaleins.\n");
}
```

Programm 20: Die while-Schleife

Die Wiederholungsanweisung, die nach dem zweiten Muster funktioniert, also das Schleifenkriterium erst im Schleifenfuß abprüft, ist in der do-Anweisung implementiert:

- do-Schleife

Bei der bisher vorgestellten while-Schleife kann es bei entsprechend gestalteten Bedingungen vorkommen, dass der Schleifenrumpf kein einziges Mal durchlaufen wird. Anders verhält es sich bei der do-Schleife: hier kann das Schleifenkriterium zum ersten Mal ausgewertet werden, nachdem der Schleifenrumpf mindestens einmal durchlaufen wurde. Die Wiederholungsanweisung mit dem Test am Schleifenende hat die Form:

```
do {
   Block_oder_Anweisung;
   }
   while (Kriterium_erfüllt);
```

- for-Schleife

Eine notationelle Variante der while-Schleife ist die for-Schleife. In der for-Schleife werden im Schleifenkopf die Ausdrücke für die Initialisierung, das Schleifenkriterium und die Reinitialisierung der Schleife, jeweils getrennt durch einen Strichpunkt getrennt, übersichtlich aufgeführt.

```
for (Init_opt; Kriterium_opt; Re-Init_opt)
   {
   Block_oder_Anweisung;
   }
```

Im folgenden Programm wird in einer for-Schleife das kleine 2er-Einmaleins berechnet und ausgegeben. Inhaltlich wird also das gleiche getan, wie in der oben dargestellten while-Schleife. Bezüglich der Syntax gibt es jedoch einen erheblichen Unterschied: die for-Schleife bietet uns die Möglichkeit, alles was eine Schleife beeinflußt, möglichst nahe beieinander zu notieren ("Lokalitätsprinzip")! Vor dem ersten Strichpunkt innerhalb der runden Klammern des Schleifenkopfes werden die beiden maßgeblichen Variablen initialisiert. Vor dem zweiten Strichpunkt ist das Schleifenkriterum sichtbar. Der letzte Teil des Schleifenkopfes zeigt uns, wie die Schleifenvariable modifiziert wird, bevor sie erneut im Schleifenkriterum Verwendung findet.

```
/* 57.c */
#include <stdio.h>
main(void)
{
       int multiplikator;
       int mulitplikand;
for (mulitplikand = 2, multiplikator = 1;    /* Initialisierung */
       multiplikator < 11;                   /* Schleifenkriterum */
       multiplikator++)                      /* Reinitialisierung */
       { /* Schleifenrumpf */
       printf("%d\n", mulitplikand * multiplikator);
       }
}
```

Programm 21: Die for-Schleife

Neben den Wiederholungsanweisungen gibt es eine Reihe weiterer interessanter Kontrollstrukturen. Wir wollen hier noch kurz auf die Selektionsanweisungen und die Kontrolltransferanweisungen eingehen.

3.1.4.2 Selektionsanweisungen

C++ kennt ein Sprachkonstrukt für die Selektion und eines für deren Spezialfall, die Fallunterscheidung (bedingte Anweisung).

- if-Anweisung

Ist die Bedingung nach dem Schlüsselwort if erfüllt, so wird der erste Ausdruck abgearbeitet (der true-Zweig) andernfalls der zweite Ausdruck (false-Zweig). Auffälligerweise entbehrt C im true-Zweig das Schlüsselwort then. Der false-Zweig ist optional, kann also gegebenenfalls fehlen.

```
if (bedingung_erfuellt)
   {
   TrueBlock_oder Anweisung;
   }
else
   {
   FalseBlock_oder_Anweisung;
   }
```

Um mehrstufige Alternativen zu implementieren, können if-Anweisungen geschachtelt werden zu if-if-Kaskaden oder else-if-Kaskaden.

```
#include <stdio.h>
main(void)
{
       char antwort;
printf("%s\n%s\n",
       "Gefaellt Ihnen die Programmiersprache C++?",
       "Tippen Sie j fuer ja und n fuer nein.");
scanf("%c",&antwort);
if (antwort != 'j')
   {
   if (antwort != 'n')
```

```
    {
        printf("\nTut      mir      leid.      %c      verstehe      ich
nicht!\n",antwort);
    }
    else
    {
        printf("\nIch bin ueberzeugt, das aendert sich!\n");
    }
}
else
{
    printf("\nSchoen. Weiterhin viel Spass!\n");
}
}
```

Programm 22: Eine if-if-Kaskade

Alternativen mit mehreren Zweigen werden in C typischerweise mit der Auswahlanweisung (switch-Anweisung) programmiert:

- switch-Anweisung

Die Auswahlanweisung wird für Mehrfachverzweigungen auf der Basis eines ganzzahligen Ausdrucks verwendet.

```
switch (Ausdruck)
    {
    case 'A':Anweisung;
            Anweisung;
            :
            break;
    case 'B':Anweisung;
            Anweisung;
            :
            break;
    default :Anweisung;
            Anweisung;
```

```
        :
    break;

}
```

Das erarbeitete Ergebnis des Ausdrucks nach dem Schlüsselwort switch definiert die Einstiegsstelle im Rumpf der Auswahl. Sämtliche Ausdrücke hinter den Schlüsselwörtern case müssen ganzzahlige Konstantenausdrücke sein. Die case-Ausdrücke vor den Doppelpunkten haben die Qualität von Marken, denn nach dem Ausführen eines case-Zweiges wird nicht etwa der Rumpf der Auswahlanweisung verlassen, sondern es wird der nächste case-Zweig abgearbeitet, sofern nicht mit der break-Anweisung das Verlassen des Auswahl-Rumpfes erzwungen wird. Stimmt keiner der ganzzahligen Konstantenausdrücke der case-Anweisungen mit dem Ergebnis des switch-Ausdrucks überein, so wird der default-Zweig abgearbeitet (sofern vorhanden).

```
#include <stdio.h>
main(void)
{
        char antwort;
printf("%s\n%s\n",
        "Gefaellt Ihnen die Programmiersprache C++?",
        "Tippen Sie j fuer ja und n fuer nein.");
scanf("%c",&antwort);
switch (antwort)
    {
    case 'j':
        {
        printf("\nSchoen. Weiterhin viel Spass!\n");
        break;
        }
    case 'n':
        {
        printf("\nIch bin ueberzeugt, das aendert sich!\n");
        break;
        }
    default :
        {
        printf("\nTut mir leid. %c verstehe ich nicht!\n",
            antwort);
```

```
            }
        }
    }
}
```

Programm 23: Die switch-Anweisung

Neben der nicht salonfähigen goto-Anweisung enthält C noch drei weitere Kontrolltransferanweisungen: die break-, die continue- und die return-Anweisung.

3.1.4.3 Kontrolltransferanweisungen

* break

Eine Verwendungsmöglichkeit für die break-Anweisung haben wir bereits im letzten Beispiel gesehen. Dort wurde die break-Anweisung benutzt, um den Rumpf der Auswahlanweisung zu verlassen. Andere Kontrollstrukturen, die mittels der break-Anweisung verlassen werden können, sind die Wiederholungsanweisungen. Eine break-Anweisung innerhalb einer while-, do- oder for-Anweisung bewirkt das Verlassen des innersten Schleifenrumpfes

* continue

Die continue-Anweisung ist ebenfalls im Zusammenhang mit Schleifen zu gebrauchen: damit kann ein Schleifenrumpf vorzeitig verlassen und - nach vorheriger Prüfung des Schleifenkriterums - eine erneute Iteration angestoßen werden.

* return

Die return-Anweisung ist im Zusammenhang mit Funktionen zu sehen und hat zwei Aufgaben: erstens den Steuerfluß von der aufgerufenen Funktion in die aufrufende Funktion zurückzugeben und zweitens einen Returnwert hochzureichen.

3.1.4.4 Befehle zur Heapverwaltung

new   Speicherallokation
delete   Speicherfreigabe

Bild 24: Befehle zur Heapverwaltung

Mit den Schlüsselwort-Operatoren new und delete wird Speicher allo-kiert und freigegeben. Die Möglichkeit, dem Operator new einen Initialisierer mitzugeben (gilt nur für non-Arrays), ist ein Vorteil gegen-über dem traditionellen malloc(). Wird kein Initialisierer angeben, so hat das von new erzeugte Ojekt einen undefinierten Inhalt.

Die Operatoren new und delete sind nicht kompatibel mit den Funktio-nen malloc() und free() (und verwandten Funktionen wie calloc() usw.). Speicherplatz, der mit new allokiert wurde darf nicht mit free() freigegeben werden. Analog darf Speicherplatz der mit alloc() allokiert wurde nicht mit delete freigegeben werden. Bei vielen Compilern funk-tioniert zwar das Mischen, was aber u.U. zu schwer lokalisierbaren Spei-cherproblemen führen kann!

```
/* new mit Initialisierer: */
int *p_int = new int(3);    /* p_int zeigt auf 3 */
/* new mit Groessenangabe */
iarray = new int [10];      /* int iarray[10];   */
...
/* die dynamisch allokierten Größen werden wieder gelöscht:
*/
delete p_int;
delete [] iarray;
```

Bild 25: Speicherallokation und Freigabe

Die Standard-C-Bibliotheksfunktionen malloc() und calloc() liefern einen NULL-Pointer, wenn auf der Heap[1] nicht mehr genug Platz zum Allokieren der gewünschten Anzahl von Bytes vorhanden ist.

---

[1] Auf UNIX-Systemen gilt die Heap als ausgeschöpft, wenn der System-speicher belegt ist: d.h. der Hauptspeicher ist vollständig belegt und der Page-/Swap-Space ist ebenfalls komplett belegt.

Der Operator `new` liefert ebenfalls einen NULL-Pointer, wenn die Heap-Allokation wegen Speichermangels nicht ausgeführt werden kann. In C++ kann also in der gleichen Weise auf den Speichermangel reagiert werden wie in C. C++ bietet darüber hinaus noch eine bessere Möglichkeit!

In C++ ist der Funktionszeiger `_new_handler` als Systemvariable definiert, die mit dem NULL-Pointer initialisiert ist und vom Programmierer mit einem Zeiger auf eine Problembehandlungsfunktion besetzt werden kann. Geht der Aufruf von `new` schief, so ruft das System die von diesem Zeiger referenzierte Funktion auf. Von der Idee her sollte diese Problembehandlungsfunktion dafür sorgen, dass (vielleicht aus Performance-gründen) zu großzügig verbrauchter Heap-Platz wieder freigegeben wird.

Nach dem Ausführen der mittels `_new_handler` referenzierten Funktion versucht `new` erneut den gewünschten Speicher auf der Heap zu allokieren.

Auf Unix-Systemen gilt die Heap als ausgeschöpft, wenn der Systemspeicher belegt ist: d.h. der Hauptspeicher ist voll und der Page-/Swap-Space ist ebenfalls komplett belegt.

Besetzt wird der Funktionszeiger `_new_handler` nicht durch eine direkte Zuweisung sondern mit Hilfe der Funktion `set_new_handler()`.

Der Einsatzzweck von `new` und `delete` geht über die hier dargestellte Verwendung hinaus: wenn wir den objektorientierten Teil der Sprache betrachten, werden wir kennenlernen, wie sich mit `new` auch Objekte kreieren lassen.

3.1.5 Operatoren

Hinsichtlich der angebotenen Kontrollstrukturen unterscheidet sich C nicht sonderlich von anderen gängigen Hochsprachen. Ganz anders verhält es sich jedoch bei der Verfügung gestellten Operatoren. Ein Vergleich: Wirth's Pascal enthält 16 Operatoren für die Zuweisung, für Arithmetik, für Vergleiche, für Logik und für Mengenoperationen, C++ enthält über 50 Operatoren, von denen alleine 11 Zuweisungsoperatoren sind. Der

Operatorensatz kennzeichnet die Sprache C auch als Sprache für die Systemprogrammierung: es stehen nämlich mehrere Operatoren für Bit-Verarbeitung zur Verfügung.

Jeder Operator ist einer von 16 Prioritätsstufen zugeordnet, um mit Klammern sparsamer umgehen zu können. Trotzdem empfiehlt es sich, der Lesbarkeit wegen, die Operatorpriorität durch eine entsprechende (redundante) Klammerung zu verdeutlichen.

Anfangs macht die Operatorenvielfalt dem C-Neuling sicherlich zu schaffen, aber schon während der Einarbeitungszeit bekommt man einen Blick für die Systematik und wird feststellen, dass man seine Ideen und Spezifikationen auf nahezu natürliche Weise in ein Programm umsetzen kann.

Operator	Beispiel	Wert des Ausdrucks
- [unär]	-a	Negation von a
* [unär]	*a	Inhalt des Zeigers a
& [unär]	&a	Zeiger auf a, Adresse von a
~	~a	Einerkomplement von a
++ [präfix]	++a	a nach der Inkrementierung mit 1
++ [postfix]	a++	a vor der Inkrementierung mit 1
-- [präfix]	--a	a nach der Dekrementierung mit 1
-- [postfix]	a--	a vor der Dekrementierung mit 1
+ [binär]	a + b	a plus b
- [binär]	a - b	a minus b
* [binär]	a * b	a mal b
/ [binär]	a / b	a dividiert durch b (Ergebnis ganzzahlig, falls a und b ganzzahlig.)
% [binär]	a % b	a modulo b (Rest von a/b)

Bild 26: Arithmetische Operatoren

(*Anmerkung zu den eckigen Klammern:* In den eckigen Klammern [ ] stehen Hinweise, nicht etwa Operanden.)

Operator	Beispiel	Wert des Ausdrucks
<	a < b	1 falls a < b, andernfalls 0
>	a>b	1 falls a > b, andernfalls 0
<=	a <= b	1 falls a <= b, andernfalls 0
>=	a >= b	1 falls a >= b, andernfalls 0
==	a == b	1 falls a gleich b ist, andernfalls 0
!=	a != b	1 falls a ungleich b ist, andernfalls 0
>>	a >> b	a nach rechts geshiftet um b
<<	a << b	a nach links geshiftet um b
& [binär]	a & b	bitweises AND von a und b
|	a | b	bitweises OR von a und b
^	a ^ b	bitweises XOR (exklusives OR) von a und b
&&	a && b	a AND b (liefert 1 und 0)
||	a || b	a OR b (liefert 1 und 0)
!	!a	NOT a (liefert 1 und 0)

Bild 27: Vergleichs- und Bitoperatoren

(*Anmerkung zu den* **logischen Operatoren**: Für die logische Verknüpfung gilt: Werte (von Variablen) gelten als **FALSE** bei einem Wert **gleich 0**; alle anderen Werte werden als **TRUE** interpretiert.)

Operator	Beispiel	Wert des Ausdrucks
=	a = b	a (mit dem zugewiesenen Wert von b)
+=	a+= b	a plus b (a zugewiesen)
-=	a -= b	a minus b (a zugewiesen)
*=	a *= b	a mal b (a zugewiesen)
/=	a /= b	a dividiert durch b (a zugewiesen)

`%=`	`a %= b`	a modulo b (a zugewiesen)
`>>=`	`a >>= b`	a nach rechts geshiftet um b Bits (a zugewiesen)
`<<=`	`a <<= b`	a nach links geshiftet um b Bits (a zugewiesen)
`&=`	`a &= b`	a AND b (a zugewiesen)
`|=`	`a |= b`	a OR b (a zugewiesen)
`^=`	`a ^= b`	a XOR b (a zugewiesen)

Bild 28: Zuweisungsoperatoren

Operator	Beispiel	Wert des Ausdrucks
`?:`	`a?:EXP1:EXP2`	Bedingter Ausdruck: EXP1 falls a ungleich Null, andernfalls EXP2
`sizeof`	`sizeof(TYP)` `sizeof (EXP)`	Größe des Typs TYP in Byte Größe des Ausdrucks EXP in Byte
`(typ-name)`	`(TYP)EXP`	Wert des Ausdrucks EXP wird nach TYP konvertiert
`,`	`EXP1,EXP2`	Folgeoperator: EXP2(Ausdruck EXP1 zuerst ausgewertet)
`;`	`++a;`	Befehlsterminator
`:`	`label:`	Labelkennzeichnung
`[]`	`a[0]`	Arrayselektor
`->`	`a->nachf`	Strukturselektor
`.`	`record.elem`	Strukturselektor
`()`	`function()`	Funktionsdeklarator, Klammerung
`::`	`::alpha` `classname::funktion()`	Bereichsauflösungsoperator

...	`int funktin(int a, ...)`	Ellipsen
new	`new(datatyp)`	Allokationsoperator
delete	`delete(pointer)`	Speicherfreigabeoperator

Bild 29: ...noch einige Operatoren

Priorität	Operator	Assoziativität
16	`::`	von links nach rechts
15	`() [] -> .`	von links nach rechts
14	`! ++ -- - (TYP) * & sizeof new delete`	von rechts nach links
13	`* / %`	von links nach rechts
12	`+ -`	von links nach rechts
11	`<< >>`	von links nach rechts
10	`< <= > >=`	von links nach rechts
9	`== !=`	von links nach rechts
8	`&`	von links nach rechts
7	`^`	von links nach rechts
6	`|`	von links nach rechts
5	`&&`	von links nach rechts
4	`||`	von links nach rechts
3	`?:`	von links nach rechts
2	`= += -= /= *= %= >>= <<= &= |= ^=`	von rechts nach links
1	`,`	von links nach rechts

Bild 30: Prioritäten und Assoziativitäten von Operatoren

3.1.6 Der Präprozessor

Der Compiler hat die Aufgabe ein Quellprogramm in ein vom Computer ausführbares Qbjektprogramm zu übersetzen. Bei der Erzeugung einer ausführbaren Objektdatei sind im Allgemeinen mehrere Übersetzungs-läufe (Compiler Pässe) beteiligt. Im ersten Paß ist der Präprozessor aktiv. Ihm wenden wir uns im nächsten Abschnitt noch genauer zu, da verschiedene Präprozessorleistungen vom Programmierer intensiv genutzt werden. Im zweiten Paß wird aus der vom C-Präprozessor expandierten Quelldatei i. d. R. Assembler-Quell-Code erzeugt. Im dritten Paß ist dann der Assembler an der Reihe. Er erzeugt relokierbaren Objekt-Code. Vor dem Assembler kann auf Wunsch noch der Optimierer laufen. Im vierten Paß ist der Linker aktiv. Jetzt werden offene Referenzen zwischen den Bindeobjekten aufgelößt und das gebundene Objekt wird logisch im Adreßraum angeordnet ("Fixierung im Adreßraum"). Bei der separaten Compilierung einzelner Moduln eines Multi-Datei-Programms wird dieser letzte Paß durch die Compiler-Option ausgeklammert.

Von den verschiedenen Compiler-Pässen interessiert uns der erste Paß am meisten. Vom C-Präprozessor wissen wir bereits, dass er im Quellprogramm die mit der #define-Anweisung definierten symbolischen Konstanten gegen ihre Werte austauscht.

Der Präprozessor leistet jedoch erheblich mehr. Im wesentlichen[1] bietet er folgende Dienste: er...

- wertet Konstanten-Ausdrücken aus,
- entfernt Kommentare aus dem Quellprogramm,
- substituiert symbolische Konstanten,
- expandiert Makros,
- zieht Include-Dateien in die Quelle,
- steuert die bedingte Compilierung.

---

[1]Hier noch einige Präprozessoranweisungen, auf die wir nicht eingehen: #pragma, #error und #line.

Alle Dienste des Präprozessors werden mit den sogenannten Präprozessoranweisungen angefordert. Die Präprozessoranweisungen beginnen[1] alle mit dem Zeichen #. Diese Präprozessoranweisungen gelten zwar nicht als C-Schlüsselworte, sind aber integraler Bestandteil von C.

3.1.6.1 Das Arbeiten mit symbolischen Konstanten.

Symbolische Konstanten werden mit den Präprozessor-Anweisungen

- #define
- #undef

behandelt.

Eingeführt werden symbolische Konstanten mit der #define-Anweisung. Zum Beispiel

```
#define PI 3.14159
```

Die so eingeführte symbolische Konstante lebt solange, bis sie mittels

```
#undef PI
```

wieder undefiniert wird.

Wird in der #define-Anweisung nur ein Name, aber kein Wert angegeben, so hat diese symbolische Konstante den Wert 1.

An dieser Stelle sei erwähnt, dass symbolische Konstanten vom blockorientierten Geltungsbereich und der speicherklassenabhängigen Lebensdauer keine "Ahnung" haben. Für sie gelten "statische" Gesetze. Symbolische Konstanten leben und gelten zwischen den sie betreffenden #define- und

---

[1]Manche C++-Compiler erwarten, dass ds Zeichen # gleich auf der ersten Spalte einer Zeile steht.

#undef-Anweisungen. Diese beiden Präprozessor-Anweisungen dürfen in einem (modularisierten) Programm auch in verschiedenen Quell-Dateien stehen. Innerhalb dieses so gestalteten Definitionsbereichs tauscht der Präcompiler vor der Übersetzung die Namen der symbolischen Konstanten gegen ihren Wert aus.

Obwohl es syntaktisch nicht vorgeschrieben ist, so empfiehlt es sich doch, alle #define-Anweisungen am Anfang eines Programms oder Moduls noch vor den Funktionen, den extern-Deklarationen und den extern-Definitionen unterzubringen. Außerdem sollte auf die #undef-Anweisung verzichtet werden. Erstens gibt es kaum eine Situation, in der sie echt gebraucht wird und zweitens stiften die Namen symbolischer Konstanten, die durch #undef freigegeben und durch ein nachfolgendes #define mit anderem Inhalt neu definiert wurden, erfahrungsgemäß Verwirrung.

Um per #define ins Leben gerufene Namen leicht als solche identifizieren zu können, empfiehlt es sich, für sie nur Großbuchstaben zu verwenden.

Anstatt die symbolische Konstante PI mit #define PI 3.14159 in der Datei programm.c zu definieren, kann sie auch beim Compileraufruf in der Kommandozeile mit der Option -D definiert werden:

$cc programm.c -DPI=3.14159

3.1.6.2 Das Arbeiten mit Makros

Auch Makros werden mit den Präprozessor-Anweisungen

```
#define
#undef
```

behandelt. Die Anweisung #undef wollen wir hier nicht weiter verfolgen, da sie in diesem Zusammenhang absolut ungebräuchlich ist.

Makros setzen sich zusammen aus einem Namen, formalen Parametern
(*argument list*) und der Ersetzungsliste (*replacement list*)

```
0000
0001 #define SQU(x) x * x
0002 #define ABS(x) (((x)<0)?-(x):(x))
0000        A  A  \                  /
  .         |  |   \------ ------/
  .         |  |          V
  .         |  |      replacement list
  .         |  +---- argument list
  .         +------- Makro-Name
```

Bild 31: Makrodefinitionen

Aus dem Makro-Aufruf

```
... = SQU(a[i]);
```

wird nach der Makro-Expansion durch den C-Präprozessor

```
... = a[i] * a[i];
```

Analoges gilt für das Makro aus Zeile 0002.

Makros vollständig klammern !

Vergleicht man die beiden Makro-Definitionen, so fällt einem auf, dass die
Makro-Definition in Zeile 2 exten siver geklammert ist als die andere.
Vergegenwärtigen wir uns die Wirkung des Makro-Aufrufs

```
... = SQU(y+1);
```

so stellen wir fest, dass die Makro-Definition in Zeile 2 unzureichend ist,
denn die Makro-Expansion ergibt

```
... = y+1 * y+1;        /* = 2y+1 */
```

Eine sichere Definition des Makros SQU lautet:

```
#define SQU(x) ((x) * (x))
```

Dass die äußersten Klammmern notwendig sind, läßt sich leicht einsehen,
wenn man überlegt, wie der folgende Makroaufruf expandiert wird:

```
... = SQU(a+b) / SQU(a+b);
```

Keine Seiteneffekte in Makros !

Das Beispiel des Makros SQU zeigt, dass das Definieren von Makros
durchaus nicht trivial ist. Selbst wenn Makros sicher definiert wurden,
birgt ihre Anwendung eine weitere Gefahr in sich: es muss streng darauf
geachtet werden, dass in Makro-Aufrufen keine Seiteneffekte vorkommen! Aus dem Makro-Aufruf

```
... = SQU(a++);
```

erzeugt die Makro-Expansion

```
... = (a++) * (a++);
```

In diesem Fall beschert uns der Seiteneffekt im Makroaufruf eine
Inkrementierung zuviel!

Vorteile und Nachteile

Dieses letzte Beispiel macht vor allem deutlich, dass Funktionen erheblich sicherer sind als Makros. Anderer seits haben Makros auch ihre Vorteile:

- Sie sind effizienter als Funktionen. Aus Makros wird In-line-Code, für den weder Aufruf, noch Parameter übergabe, noch Rücksprung notwendig ist.

- Makros sind "generische" Einheiten, da sie typunabhängig definiert werden. Unser Makro SQU funktioniert für alle skalaren Datentypen gleichermaßen.

3.1.6.3 Der String-Generator (*string creation operator*)

Manche C-Compiler (dazu gehören auch die Unix C-Compiler) substituieren Makroparameter auch in String-Konstanten. So kann man beispielsweise folgendes schreiben

```
#define PRINT(x) printf("x = %d\n",x)
```

um nach der Makroexpansion den Makroparameter im Formatstring der printf()-Anweisung zu haben, d. h. der Makroaufruf

```
PRINT(alpha);
```

wird expandiert zu

```
printf("alpha = %d\n",alpha);
```

Die Makroexpansion auch innherhalb von Stringkonstanten ist nicht in allen C-Compilern realisiert. Im Sinne einer strengen und exakten Sprachdefinition ist diese Möglichkeit, bzw. die Syntax, mit der die Möglichkeit realisiert wird, auch nicht ganz einwandfrei.

Um eine syntaktisch saubere Lösung zu haben, hat ANSI-C für solche Fälle den Operator # als String-Generator (*string creation operator*) einge-

führt. Dieser Operator darf ausschließlich in der Ersetzungsliste
(*replacement list*) einer Makrodefinition vorkommen. Der Präprozessor
ersetzt diesen Operator und den unmittelbar angehängten Namen durch eine Stringliteral, das aus dem Makroparameter des Makroaufrufs gebildet
wird. Beispiel: das oben gezeigte Makro kann mit ANSI-C wie folgt geschrieben werden:

```
#define PRINT(x) printf(#x " = %d\n",x)
```

Der Makroaufruf

```
PRINT(chx[EOF]);
```

wird expandiert zu

```
printf("chx[EOF] = %d\n",chx[(-1)]);
```

Dieses Beispiel macht auch deutlich, dass ein Makro (hier EOF) auf der
Parameterposition eine Makros nicht vor der String-Generierung expandiert wird!

Soll jedoch ein Stringliteral aus einem expandierten Makroargument gebildet werden, so muss ein zusätzliches Makro eingeführt werden:

```
#define STR(x) #x
#define PRINT(x) printf(str(x) " = %d\n",x)
```

Jetzt wird der Makroaufruf

```
PRINT(chx[EOF]);
```

expandiert zu
```
printf("chx[(-1)] = %d\n",chx[(-1)]);
```

ANSI-C hat noch einen weiteren Operator eingeführt, der auch nur im Zusammenhang mit Makros in der Ersetzungsliste vorkommen darf: der Token-Verknüpfer.

3.1.6.4 Der Token-Verknüpfer (token concatenation operator; token pasting)

Manche C-Compiler (dazu gehören wieder die Unix C-Compiler) gestatten folgende Stringkonkatenationen mit Makros:

```
#define VAR(x) VAR/* konkateniert mit */x
```

Ein Makroaufruf

```
VAR(Y);
```

wird expandiert zur Konkatenation von VAR und Y, also zu

```
VARY;
```

Hier ist offensichtlich der Kommentar als Stringverknüpfer mißbraucht worden. Da auch dies nicht im Sinne einer exakten Sprachdefinition ist, bietet ANSI-C hierfür den Operator ## an. Das oben gezeigte Makro läßt sich mit ANSI-C wie folgt definieren:

```
#define VAR(x) VAR ## x
```

Der Makroaufruf

```
... = VAR(I) + 25;
```

wird wiederum expandiert zum Ausdruck

```
... = VARI + 25;
```

3.1.6.5 Das Arbeiten mit Include-Dateien

Durch die #include-Anweisung lassen sich einzelne Zeilen einer Quelldatei durch komplette Inhalte anderer Dateien, sogenannter Include-Dateien, ersetzen. In welchen Verzeichnissen der Präprozessor die Include-Dateien sucht, hängt davon ab, ob der Dateiname mit spitzen Klammern oder mit Gänsefüßchen eingefasst ist.

```
0000
0001 #include <stdio.h>
0002 #include "globdef.h"
...
```

Bild 32: Includeanweisungen

Die Include-Datei stdio.h wird vom Präprozessor in Systemverzeichnissen gesucht. (In den meisten Unix-Systemen im Verzeichnis /usr/include). Die Include-Datei globdef.h wird dagegen im selben Verzeichnis gesucht, in dem auch die Quelldatei steht. Sollte es dort nicht zu finden sein, so wird in bestimmten anderen Verzeichnissen gesucht. Für die Suche in anderen Verzeichnissen kann man beim Compileraufruf in der Kommandozeile mit der Option -I dem Präprozessor Such-Verzeichnisse angeben. Fehlt ein solcher Vorschlag, so versucht der Präprozessor auch diese Include-Datei in einem Systemverzeichnis zu finden.

In beiden Fällen oben wurde die Include-Datei mit einem sogenannten relativen Pfadnamen genannt. Man hat aber auch die Möglichkeit einen absoluten Pfadnamen anzugeben. Dann alllerdings wird die Include-Datei nur am so definierten Platz gesucht.

In Unix-Systemen werden Include-Dateien gerne als "Header-Files" bezeichnet. Von dieser Bezeichnung leitet sich die Konvention ab, Include-Dateinamen mit dem Suffix ".h" zu versehen.

3.1.6.6 Die bedingte Compilierung

Unter bedingter Compilierung verstehen wir das gezielte Aussparen von Programmteilen während der Übersetzung. Welche Programmteile von der Compilation ausgeklammert bleiben, wird durch verschiedene Bedingungs-Anweisungen gesteuert.

Für den Test von Bedingungen stehen uns drei Anweisungen zur Verfügung:

- `#ifdef NAME`
- `#ifndef NAME`
- `#if KONSTANTEN-AUSDRUCK`

NAME und KONSTANTEN-AUSDRUCK verstehen sich hier natürlich nur als Platzhalter, die durch beliebige Namen, bzw. Konstanten-Ausdrücke zu ersetzen sind.

Die Abfrage #ifdef NAME wird positiv bestätigt, wenn der verwendete Name vorher mittels einer #define-Anweisung definiert wurde.

Dagegen wird die Abfrage #ifndef NAME dann positiv bestätigt, wenn der verwendete Name nicht vorher in einer #define-Anweisung definiert wurde.

Die Bedingung #if KONSTANTEN-AUSDRUCK gilt als erfüllt, wenn das Ergebnis des Konstanten-Ausdrucks ungleich Null ist.

Alle drei Präprozessor-Anweisungen können in einem Quellprogramm einen Abschnitt einleiten, der nur compiliert werden soll, wenn die jeweilige

Bedingung erfüllt ist. Beendet wird ein bedingt zu compilierender Abschnitt mit der Anweisung

```
#endif
```

Will man eine echte Alternative für die bedingte Compilierung formulieren, so darf der erste Abschnitt mit der Anweisung

```
#else
```

abgeschlossen werden. Die #else-Anweisung markiert den alternativen Abschnitt, der dann seinerseits mit der #endif-Anweisung abgeschlossen werden muss.

Ist die in einer #ifdef-, #ifndef- oder #if-Anweisung formulierte Bedingung erfüllt, so werden alle Zeilen des Quellprogramms zwischen der #else-Anweisung (sofern eine solche existiert) und der #endif-Anweisung von der Compilation ausgeklammert. Ist die Bedingung dagegen nicht erfüllt, so werden umgekehrt alle Programmzeilen ignoriert, die zwischen der Bedingung und der #else-Anweisung, oder, falls keine #else-Anweisung existiert, zwischen der Bedingung und der #endif-Anweisung stehen.

Ergänzend muss gesagt werden, dass der in der Bedingung #ifdef geprüfte Name auch beim Aufruf des Compilers mit der Option -D in der Kommandozeile definiert werden kann (siehe auch "Die Compiler-Optionen").

Der Compiler-Aufruf

```
$cc programm.c -DLINUX
```

sorgt dafür, dass im Programm pogramm.c die folgende Abfrage positiv bestätigt wird:
```
#ifdef LINUX
```

3.1.7 Moderne Architekturen mit traditionellen Bausteinen?

Unsere Tour durch die Sprache C++ führte bisher ausschließlich durch prozedurales Terrain: wir kennen nun sämtliche Sprachelemente für die Formulierung von traditionellen[1] Algorithmen und die Modellierung von konventionellen[2] Datenstrukturen. "Müssen all diese prozeduralen Elemente bekannt sein und beherrscht werden, wenn man objektorientiert mit C++ programmieren und denken will? Ist das nicht hinderlicher Ballast?" mag man sich vielleicht angesichts des bisherigen Sprachumfangs als Frage stellen. Nun, das prozedurale Paradigma wird durch den Einsatz der objektorientierten Sprache C++ nicht überflüssig - es wird sich natürlich der Schwerpunkt verlagern! In den Kapiteln werden wir sehr rasch feststellen, dass die Konstruktion der Programme, aus den am Anfang genannten Gründen, eine objektorientierte sein wird. Im Inneren der Klassen und Objekte aber werden wir Algorithmen traditioneller Prägung benötigen. Doch keine Angst: was jetzt noch an neuen syntaktischen Konstruktionen kommt, ist nicht annähernd so umfangreich wie der traditionelle Kern der Sprache. Das macht unter anderem den Reiz der Sprache C++ aus: die Einbettung der objektorientierten Konzepte und Sprachelemente ist Bjarne Stroustrup ausgesprochen gut gelungen.

Bisher haben wir uns ausschließlich mit dem prozeduralen Kern der Sprache auseinandergesetzt: wir haben von C++ soviel dargestellt, wie der C-Programmierer ohnehin kennt. Diese Vorgehensweise haben wir gewählt, um einerseits den Neueinsteiger an den elementaren Part des gesamten Sprachumfangs von C++ heranzuführen und andererseits dem C-Kenner einen definierten Einstiegspunkt zu bieten: der ist jetzt gegeben! Wir werden jetzt Neuland betreten und uns mit den Basiserweiterungen auseinandersetzen. Wir werden C++ Sprachfeatures vorstellen, die als Bereicherung von C in prozeduraler Hinsicht gewertet werden können; Sprachmittel also, die vom praktizierenden C-Programmierer nach einem Compilerwechsel auf C++ sofort eingesetzt werden können.

---

[1] Algorithmen operieren auf Daten.

[2] Keine Klassen und Objekte, aber mit gewissem Aufwand wenigstens abstrakte Datentypen.

3.2 Basiserweiterungen von C++ gegenüber dem klassischen C

Im folgenden betrachten wir die nicht objektorientierten Eweiterungen, die C++ gegenüber dem klassischen C zu bieten hat. Teilweise sind diese neuen Eigenschaften im konventionellen Bereich bedingt durch den Wunsch, kompatibel zu ANSI-C sein zu wollen, teilweise handelt es sich um Spracheigenschaften, die zwar durch die neuen Konzepte im objektorientierten Bereich notwendig sind, sich aber auch im konventionellen Bereich der Sprache C++ sinnvoll nutzen lassen.

3.2.1 Kommentare

Neben den Kommentar-Delimitern /* und */ gilt der Doppel-Slash // als Kommentaranfang mit dem Zeilenende als zugehörigem Kommentarende. Beide Kennzeichnungsarten für Kommentare sind unabhängig voneinander und können auch ineinander geschachtelt werden. Bei dieser Änderung handelt es sich zwar nur um eine Kleinigkeit, sie hat jedoch auch ihren Wert: wenn es dem Programmierer damit leichter fällt Inline-Kommentare zu schreiben, gewinnt die Lesbarkeit und Pflegbarkeit.

```
0001 // DATEI:sources/00.cpp

0002 #include <stdio.h>

0003 #include <iostream.h>

0004

0005 void main(void)

0006 {

0007 // Kommentare mit // gehen bis zum Zeilenende.

0008

0009 /***

0010 printf("Viel Erfolg mit C++!\n"); // Ab sofort wird Stream-I/O

0011 verwendet
```

```
0012 ***/

0013

0014 cout << "Viel Erfolg mit C++!\n";

0015 }

0016
```

Programm 33: Das neue Kommentarsymbol

Neben den neuen Kommentarsymbolen // sehen wird im Programm 5 weiter ungewöhnliche Dinge: das Symbol << in Zeile 14 kann hier wohl kaum die Shift-Operation bedeuten! Wir sehen hier ein Beispiel für die Bedeutungsänderung eines Operators. Das sich dahinter verbergende Konzept wird als *Operatorüberladung* bezeichnet. Wir bitten jedoch noch etwas um Geduld, was es mit der Operatorüberladung auf sich hat, werden wir erst ein wenig später erfahren. Soviel sei hier an dieser Stelle verraten: der Operator << wird in diesem Kontext als *Übergeber* bezeichnet, weil er seinen rechten Operand in eine Streamsenke schreibt. In unserem Fall heißt die Streamsenke cout und stellt den Standard-Streamausgabe dar. Auch das kennt der "reine" C-Programmierer nicht. Das Streamkonzept realisiert ein flexibles Ein-/Ausgabesystem, auf das wir später noch detailliert eingehen. Das Konzept ist erfreulicherweise sehr intuitiv, sodass bis zur genaueren Eläuterung des Stramkonzepts die Ausgaben mit dem Übergeber << und die Eingaben mit dem Übernehmer >> trotzdem verständlich sein sollten.

3.2.2 Aufzählungs-Namen und Struktur-Namen

Schon von Anfang an war es in C möglich, eigene Typnamen einzuführen.
Dies lief entweder über eine Vereinbarung mit typedef oder, wie in den
beiden folgenden Beispielen, z. B. über Typdeklarationen mit den Schlüs-
selworten enum (für Aufzählungstypen) und struct (für Strukturen):

```
enum farbe
    {
    rot, gruen, orange
    };


struct tree
    {
    int item;
    struct tree *p_left;
    struct tree *p_right;
    };
```

Bild 34: Deklaration eines enum- und eines struct-Typs

Nach Deklarationen wie den beiden oben dargestellten Typdeklarationen
können nun im klassischen C von diesen neu deklarierten Typen Variablen
erzeugt werden - allerdings mussten die Schlüsselworte struct und enum
verwendet werden:

```
struct tree leaf;
enum farbe ampel;
```

In C++ können jetzt bei der Variablendefinition die Schlüsselworte struct
und enum entfallen:

```
farbe ampel;
tree leaf;
```

Die neu eingeführten Typen farbe und tree haben also auch notationell die Qualität der Standardtypen. Ob man diese Vereinfachung auch nutzen möchte, muss man sich von Fall zu Fall überlegen: die Verwendung der Schlüsselworte ist weiterhin möglich und manchmal[1] ist es hilfreich, zu wissen, ob der selbstdefinierte Datentyp eine Struktur oder eine Aufzählung ist.

Hier noch ein Beispiel für die Anwendung eines Aufzählungstyps:

```
0001 // DATEI:sources/01.cpp
0002 #include <iostream.h>
0003 #include <stdlib.h>
0004
0005 enum farbe          // Deklaration des Aufzaehlungstyps farbe
0006   {
0007     rot, gruen, orange
0008   };
0009
0010 void schalten(farbe &); // Prototyp fuer die Funktion schalten()
0011 void anzeigen(farbe &); // Prototyp fuer die Funktion anzeigen()
0012 void panic(void);       // Prototyp fuer die Funktion panic()
0013
0014 void main(void)
0015 {
0016   farbe ampel = rot;
0017
0018 anzeigen(ampel);
0019
0020 for(;;)
0021   {
0022     sleep(2);
0023     schalten(ampel);
0024     anzeigen(ampel);
0025   }
0026 }
0027
```

---

[1]In vielen Fällen möchte man aber im Sinne der Abstraktion und des Information-Hidings genau dieses tiefergehende Implementierungswissen eines programmiererdefinierten Datentyps verbergen.

```
0028 void schalten (farbe &lichtfarbe)
0029 {
0030 switch (lichtfarbe)
0031        {
0032        case rot     : lichtfarbe = gruen;
0033                      break;
0034        case gruen   : lichtfarbe = orange;
0035                      break;
0036        case orange : lichtfarbe = rot;
0037                      break;
0038        default       : panic();
0039                      break;
0040        }
0041 }
0042
0043 void anzeigen (farbe &lichtfarbe)
0044 {
0045 cout << "Ampel steht auf ";
0046 switch (lichtfarbe)
0047        {
0048        case rot     : cout << "rot.\n";
0049                      break;
0050        case gruen   : cout << "gruen.\n";
0051                      break;
0052        case orange : cout << "orange.\n";
0053                      break;
0054        default       : panic();
0055                      break;
0056        }
0057 }
0058
0059 void panic()
0060 {
0061 cout << "Ampel ist defekt!\n";
0062 exit(-1);
0063 }
0064
```

Programm 35: Die Verwendung eines enum-Datentyps

Wer das Beispiel genau gelesen hat, stellt fest, dass die Prototypen von schalten() und anzeigen() einen seltsamen formalen Parameter besitzen: die Verwendung des Zeichens "&" an dieser Stelle ist im klassischen C nicht möglich! Nun, hier handelt es sich um sogenannte Referenzparameter. Auf diese Referenzparameter gehen wir weiter unten genauer ein. Soviel sei aber hier zum Verständnis des Beispiels verraten: Referenzparameter werden nicht "by value" übergeben, sondern eben per Referenz. Wir hätten diese Möglichkeit auch mit Hilfe der bekannten Zeigernotation zum Ausdruck bringen können. Was der Unterschied zwischen den beiden Techniken betrifft, so kommen wir weiter unten darauf nochmals zurück, wenn wir über Referenzen detailliert berichten (siehe Abschnitte "Der Referenz-Operator" und "Funktionen mit Referenzparameter").

3.2.3 Definitionen im Blockinneren

Mit der Einführung des Blockkonzepts hat Algol seinerzeit auch die Möglickeiten der Variablendefinitionen restriktiv geregelt: nicht an beliebigen Stellen innerhalb eines Block konnten ab nun Variablen eingeführt werden, sondern nur am Beginn eines Blocks. Diese Regelung hatten die Autoren von C übernommen; im klassischen C sind Variablendefinitionen nicht mehr möglich, nachdem innerhalb eines Blocks eine Anweisung notiert wurde. Bjarne Stroustrup hat diese Regel in C++ über Bord geworfen. Stroustrup argumentiert damit, dass er Programme leichter lesbar findet, wenn die Variablen erst dort definiert werden, wo sie auch tatsächlich gebraucht werden. Mit dieser Ansicht geht Stroustrup konform zu einem allgemeinen Prinzip der Informatik: nämlich dem *Prinzip der Lokalität*[1]. In C++ ist also folgendes möglich:

```
for (int i=0; i <= 10; i++) // Variablendefinition im Schleifenkopf
    {
    printf(....);
    ...
    double pi = 3.1415;    // Variablendefinition im Blockinneren
```

---

[1]Das *Prinzip der Lokalität* fordert, dass alle Informationen, die zum Verständnis eines Problems, zur Erarbeitung einer Lösung oder zur Darstellung eines Sachverhalts notwendig sind, auch dort notiert werden, wo es um das Thema geht. Das heißt aber auch: nicht benötigte Informationen, die zur Klärung des Themas nichts beitragen, dürfen dort nicht vorhanden sein.

...

}

Bild 36: Definitionen sind nicht nur am Blockanfang möglich

Ob man von dieser neuen Möglichkeit Gebrauch machen möchte, muss man kritisch prüfen. Sicher, im Sinne des Prinzips der Lokalität ist diese Notationsmöglichkeit für Variablendefinitionen auf den ersten Blick empfehlenswert. Aber: dagegen spricht die positive Erfahrung mit dem bisherigen Konzept. Die am Blockanfang konzentriert notierten Variablendefinitionen bilden ein Inhaltsverzeichnis aller für den Block relevanten Variablen. Sind diese Variablendefinitionen auch noch gut dokumentiert, so ziehe ich persönlich diesen Stil i. d. R. vor. Meine Empfehlung: für die Definition von Schleifenzählern von der neuen Möglichkeit Gebrauch machen, ansonsten aber diese Möglichkeit nicht nutzen.

Kleine Aufgabe.

Ob der C++-Compiler wohl das folgende Codefragment akzeptiert? Wie sieht wohl die Ausgabe aus? Probieren Sie es aus und interpretieren Sie die Reaktion.

```
for (int i=0; i <= 5; i++)
{
    cout << "erstes i: " << i << '\n';
    for (int i = 0; i <= 5; i++)
    {
        cout << "zweites i: " << i << '\b';
    }
}
```

3.2.4 Sichtbarkeitsoperator

Der *Sichtbarkeitsoperator* :: (auch *Zugriffsoperator* oder *Bereichsauflö-sungsoperator* genannt; engl.: *Scope Qualifier*) erlaubt auf einen globalen Namen zuzugreifen, auch wenn dieser Name durch einen gleichlautenden lokalen Namen verborgen ist.

```
int alpha;

main()
{
     int beta, gamma, delta;

     ...
for (count = 0; count > IRGENDWAS; count--)
  {
  int alpha;
  ...
  delta = ::alpha - alpha; // Bereichsaufloesung
  ...
  }
     ...
}
```

Bild 37: Der Bereichsauflösungsoperator

Der Bereichsauflösungsoperator wird uns im objektorientierten Teil von C++ im Zusammenhang mit Klassen nochmals begegnen, wobei dann die Notwendigkeit für einen solchen Operator leichter motivierbar sein wird.

3.2.5 Das Schlüsselwort const

Symbolische Konstanten mussten im "alten" C mit Hilfe des Präprozessors
definiert werden. Damit standen die symbolischen Konstanten abseits des
Blockkonzepts wie es bspw. für Variablen gilt. Lebensdauer und Geltungsbereich waren für symbolische Konstanten nur unbefriedigend mit
der #define- und #undefine-Anweisung lösbar. In C++ hat sich das (wie in
ANSI C) geändert. Jetzt lassen sich mit dem Schlüsselwort const überall
dort symbolische Konstanten definieren, wo auch Variablen definiert werden können. Bezüglich des Geltungsbereichs und der Lebensdauer gilt dabei zu den Variablen analoges. Im folgenden Beispiel sind einige
Konstantentypen aufgeführt:

```
#define PI 3.141592        // old style


main()
{
int alpha;                 // Variable
const int festwert = 16;   // Konstante
const int *p_festpointer;  // Zeiger-Konstante, der Zeiger ist
                           // (nach der Initialisierung) fest,
                           // kann aber auf Variablen zeigen!
int const *p_festwert= &festwert;
                           // Das referenzierte Objekt ist eine
                           // int-Konstante;
                           // der Zeiger selbst ist eine Variable!
const int const *p_allesfest = &festwert;
                           // Zeiger und referenziertes Objekt
                           // sind fest.

//
//
...


alpha = 23;

festwert = alpha;          // Fehler; festwert ist Konstante

p_festpointer = &alpha;    // OK; Initialisierung
p_festpointer = &festwert; // Fehler; p_festpointer ist Konstante
```

```
p_festpointer++;         // Fehler; p_festpointer ist Konstante
*p_festpointer = 32;     // OK; nur der Ziger ist konstant,
                         // nicht aber der Inhalt.
*p_festwert = 34;        // Fehler, referenziertes Objekt ist
                         // fest.
p_festwert++;            // OK

//
//
...
```

Bild 38: Symbolische Konstanten

Wie das Beispiel zeigt, kann nun insbesondere im Zusammenhang mit Zeigern differenziert werden: je nach dem, ob der Zeiger eine Konstante ist, oder das referenzierte Objekt, oder Zeiger und referenziertes Objekt konstant sind, jeder dieser Fälle kann durch eine geeignete Definition zum Ausdruck gebracht werden.

3.2.6 Explizite Typkonvertierung

C++ führt, wie schon das klassische C, bei mehreren Gelegenheiten automatische Typkonvertierungen durch, z. B. bei der Abarbeitung von Ausdrücken, beim Aufruf von Funktionen und bei der Zuweisung. Neben diesen automatischen Typkonvertierungen muss der Programmierer jedoch in bestimmten Fällen explizite Typkonvertierungen verlangen. Der Programmierer kann die Typkonvertierung auch redundanterweise notieren, gewissermaßen um zu dokumentieren, dass er von der Typkonvertierung Bescheid weiß (wie im folgenden Beispiel). Neben der Verwendung des klassischen Cast-Operators für die Typkonvertierung ist in C++ noch eine andere Schreibweise möglich:

```
main()
{
    int alpha;
```

```
double beta;

beta = (double)alpha;   // bisheriger cast-Operator
// aequivalent
beta = double(alpha);   // neue Möglichkeit
```

Bild 39: Explizite Typkonvertierung

Die neue Schreibweise für Typkonvertierungen sieht aus wie ein Funktionsaufruf.

3.2.7 Funktions-Prototypen

Was soll ein Compiler von einer Funktion halten, deren Verwendung ihm bei der Programmübersetzung vor der Funktonsdefinition begegnet? Die Frage ist, wie kann sichergestellt werden, dass der von der Funktion erwartete Returnwerttyp mit dem tatsächlichen übereinstimmt und dass die Anzahl und die Typen der aktuellen Parameter mit den Verhältnissen bei der Definition der formalen Parameter zusammenpassen. Im klassischen C herrschen hier sehr große Freiheitsgrade: fehlte eine Vorwärtsdeklaration komplett, so nahm der Compiler an, dass die fragliche Funktion vom Typ int ist (also einen int-Returnwert liefert). In den Fällen wo notwendig, weil der Returnwert eben nicht vom Typ int ist, kann der Programmierer dies durch die Angabe einer Vorwärtsdeklaration präzisieren. Aber: der C-Programmierer konnte keine Aussagen machen über Anzahl und Datentypen von formalen Parametern, wenn die betreffende Funktion in einem anderen Modul untergebracht war. Hier bot erst ANSI-C eine Abhilfe: ohne die bisherige Flexibilität einzuschränken sind jetzt aber, wenn typstrenge Schnittstellenprüfungen erwünscht, die Verwendung von Funktions-Prototypen möglich. Im folgenden sehen wir den Prototyp für die (im gleichen Modul definierte) Funktion AddVek(). Nun ist für Compiler und Leser offensichtlich, welchen Returnwerttyp die Funktion hat und wie es hinsichtlich Anzahl und Typen der notwendigen Parameter aussieht.

```
int AddVek(double ergvek[],   // Prototyp
           double invek1[],
           double invek2[],
           int laenge);
```

```
main()
{
    double v1[8];
    double v2[8];
    double v3[8];
    double rc;
    const int vsize = 8;
    int result;

//
result = AddVek(v1,v2,v3,vsize);   // Verwendung
//
...
}

int AddVek(double ergvek[],      // Definition
           double invek1[],
           double invek2[],
           int laenge);
{
//
...
}
```

Bild 40: Strenge Syntaxprüfung mit Prototypen

Die im Prototyp verwendeten Namen für die formalen Parameter können sich natürlich von den dafür verwendeten Namen in der Definition unterscheiden. Der Geltungsbereich der Namen für die formalen Parameter im Prototyp ist auf diesen eingeschränkt, das bedeutet, diese Namen haben rein dokumentarischen Charakter. Außerdem sind diese Namen optional, im Gegensatz zu den Typnamen.

3.2.8 Überladung von Funktionsnamen

Das Problem ist hinreichend bekannt: man möchte eine Funktion schreiben, die z. B. das Potenzieren einer ganzen Zahl übernimmt. Eingangspa-

rameter sollen sein die zu potenzierende Zahl und eben der zu verwenden-
de Exponent. Weiterhin möchte man im gleichen Programm auch reelle
Zahlen potenzieren können. Das Dilemma beim Einsatz von C: wir brauchen dazu zwei Funktionen mit unterschiedlichen Namen, die letztlich den
gleichen Algorithms implementieren, weil aufgrund der Schnittstellen-
spezifikation wir der Funktion für die Integer-Potenzierung keine reelle
Zahl als Parameter mitgeben können. Anders nun in C++: Funktionsnamen
können nun mehrfach verwendet werden; man spricht von einer *Überladung (Overloading)*. Damit kann ein Funktionsname (innerhalb des gleichen Geltungsbereichs) in anderem Zusammenhang erneut verwendet
werden. Dem Compiler macht das kein Problem: er kann die gleichen Namen auseinander halten, solange sich entweder die Returnwerttypen, die
Anzahl der Parameter oder die Parametertypen der gleichnamigen Funktionen unterscheiden. Hierzu nun ein Beispiel (schon an den Prototypen der
namensgleichen Funktionen pow() wird offensichtlich, dass es dem Compiler kein Problem bereiten wird, das jeweils richtige pow() zu wählen):

```
0001 // DATEI:sources/pow.cpp
0002 #include <stream.h>
0003
0004 int pow(int,unsigned);
0005 float pow(float,unsigned);
0006 double pow(double,unsigned);
0007
0008 main()
0009 {
0010
0011 for (unsigned i = 0; i < 10; i++)
0012     cout << pow(2,i)      // Character Stream I/O
0013          << "\t"          // overloaded <<; siehe <stream.hpp>
0014          << pow(2.1,i)
0015          << "\t"
0016          << pow((double)2,i)
0017          << "\n";
0018 }
0019
0020
0021 int pow(int x, unsigned n)
0022     {
0023     switch (n)
0024         {
```

```
0025            case 0: return 1;
0026            case 1: return x;
0027            default: return(x*pow(x,n-1));
0028            }
0029      }
0030
0031 double pow(double x, unsigned n)
0032      {
0033      switch (n)
0034          {
0035          case 0: return 1;
0036          case 1: return x;
0037          default: return(x*pow(x,n-1));
0038          }
0039      }
0040
0041 float pow(float x, unsigned n)
0042      {
0043      switch (n)
0044          {
0045          case 0: return 1;
0046          case 1: return x;
0047          default: return(x*pow(x,n-1));
0048          }
0049      }
0050
0051
```

Programm 41: Die Überladung von Funktionsnamen

Neben dem Überladen von Funktionsnamen ist auch ein *Überladen von Operatoren* möglich. Diese überladenen Operatoren - auch *Operator-Funktionen* genannt - sind jedoch an Klassenobjekte gebunden und werden deshalb im OOP-Teil der Serie behandelt.

3.2.9 Default-Parameter

Für Funktionen, die häufig mit den gleichen Parametern aufgerufen werden, gibt es in C++ die Möglichkeit, Default-Parameter vorzusehen. Diese
Default-Parameter werden im Funktionskopf bei der Funktionsdefinition
wie eine Zuweisung an einen formalen Parameter notiert. Stehen müssen
diese Defaultparameter allerdings am Ende der Parameter-Liste.

```
void exa_one(int eins

            float zwei = 1.1,

            char drei = 'a',

            char *vier = "default")
   {
   //
   //
   }
```

Bild 42: Funktionsdefinition mit Default-Parameter

Aufgerufen werden kann diese Funktion `exa_one()` nun mit vier aktuellen Parametern, wobei die letzten drei aktuellen Parameter dann die in der
Definition angegebenen drei Default-Parameter überschreiben. Wird die
Funktion `exa_one()` jedoch nur mit drei, zwei oder nur einem Parameter
aufgerufen, so werden für die fehlenden aktuellen Parameter die dafür vorgesehenen Default-Parameter verwendet.

Auch dieses Konzept hat seine zwei Seiten: einerseits unterstützt es den
Programmierkomfort, auf der anderen Seite wissen wir erst nach dem Lesen der Funktionsdefinition, wieviele Parameter eine aufgerufene Funktion
tatsächlich hat!

3.2.10 Prototypen zu Funktionen mit Default- Parameter

Die Möglichkeit der Parametervorbelegung wirft noch andere Fragen auf, wie z. B.: wo ist die Parametervorbelegung zu notieren, wenn in einem Modul die Definition und der Prototyp von der fraglichen Funktion stehen? Wie verhält es sich mit der Parametervorbelegung, wenn die Funktionsdefinition in einem separaten Modul steht? Was passiert, wenn sowohl bei der Definition wie auch im Prototyp Parametervorbelegungen notiert wurden? Hierzu folgende Beispiele:

```
void exa_one(int eins,       // Prototyp mit Defaults
             float zwei = 1.1,
             char drei = 'a');

main()
{
   ...
exa_one(2,3,14);
   ...
}

void exa_one(int one,
             float two,      // Hier keine Vorbelegung, sonst meckert
der
             char three)  // Compiler ("...two initializers...")
{
   ...
   ...
}
```

Bild 43: Prototyp und Definition in einem Modul

Das folgende Beispiel zeigt die Verhältnisse für den Fall, dass die Funktionsdefinition in einem separaten Modul untergebracht wurde:

```
void exa_one(int eins,       // Prototyp mit Defaults
             float zwei = 1.1, // Vorbelegung hier dominant
```

```
          char drei = 'a'); // gegenüber der Definition
                            // in Modul b.cpp
main()
{
   ...
exa_one(2,3,14);
   ...
}
```

Der Modul a.cpp

```
void exa_one(int one = 2.2,      // eventuelle Vorbelegung von hier
wird
             float two,      // durch Prototyp im importierten
             char three = 'b') // Modul ueberschriebn
{
   ...
   ...
}
```

Der Modul b.cpp

Bild 44: Die Vorbelegung im Prototyp ist dominant

Zusammenfassend läßt sich also folgendes sagen: werden Prototyp und Funktionsdefinition in einem Modul notiert, so darf die Parametervorbesetzung nur im Prototyp erfolgen, nicht aber bei der Funktionsdefinition. Sind dagegen der Prototyp und die Funktionsdefinition in verschiedenen Moduln, so kann durchaus in beiden Fällen von der Parametervorbesetzung Gebrauch gemacht werden. Die Parametervorbesetzung im Prototyp ist jedoch dominant.

Das bedeutet aber auch, der Programmierer kann durch eine entsprechende Gestaltung der Prototypen für eine Parametervorbesetzung sorgen, wo der ursprüngliche Autor der Funktion möglicherweise keine Parametervorbesetzung vorgesehen hat.

3.2.11 Funktionen mit variablen Argumentlisten

Bei Funktionen, die über eine genau definierte Anzahl von Argumenten verfügen, stehen diese als formale Parameter im Kopf der Funktionsdefinition. Damit sind die Argumente im Inneren der Funktion *namentlich* und *typgemäß* bekannt.

Wie werden aber Funktionen geschrieben, die von Aufruf zu Aufruf eine unterschiedliche Anzahl von Parametern übergeben bekommen? Im Funktionskopf der Definition einer solchen Funktion ist die variable Anzahl von Argumenten durch eine Punktfolge (*Ellipsen-Operator*) am Ende der Mindestargumentliste angekündigt, z.B.:

```
char *multipr(int numargs, ... )
  {
  //
  //
```

Bild 45: Kopf einer Funktion mit variabler Argumentliste

Offensichtlich ist, dass im Inneren einer solchen Funktion nicht mehr alle Argumente namentlich bekannt sein können.

Um Funktionen mit variabler Argumentliste in portabler Art zu schreiben, stehen in der Include-Datei <stdarg.h> Typ- und Makrodefinitionen bereit. Die Implementierung von <stdarg.h> ist maschinenspezifisch, aber die Schnittstellen präsentieren sich in allen C++-Umgebungen[1] in einheitlicher Weise.

Mit Hilfe der folgenden drei Makros kann nun jede Funktion, die eine variable Argumentliste akzeptiert, auf die namenlosen Argumente zugreifen.

```
<type> va_arg(va_list arg_ptr,<type>);
```

---

[1]und auch ANSI-C-Umgebungen

```
void va_start(va_list arg_ptr,prev_parm);
void va_end(va_list arg_ptr);
```

Wie mit diesen Makros umgegangen wird, soll nun dargestellt werden.

3.2.12 Der Datentyp va_list

va_list ist der Datentyp der variablen Argumentliste. Deklariert ist va_list mittels #typedef in der Include-Datei **<stdarg.h>**. In der Regel wird va_list als Array oder Zeiger implementiert sein. Die Elemente einer Argumentliste vom Typ va_list können unterschiedlichen Typs sein. Bezüglich des Typs va_list sollte der Programmierer (um der Portabilität Willen) keinerlei Annahmen machen und diesen Datentyp auch nur ausschließlich zusammen mit den Makros va_arg(), va_start() und va_end() benutzen!

Bevor eine variable Argumentliste vom Typ va_list benutzt werden kann, ist sie mit dem Makro va-start() zu initialisieren.

3.2.13 Die Makros va_start(), va_arg() und va_end()

Eine Funktion, die eine variable Argumentliste akzeptiert, muss eine Variable vom Typ va_list *definieren*, um auf die Elemente der variablen Argumentliste zugreifen zu können (siehe Beispiel multipr.c, Zeile 0009)

Bevor nun auf die Elemente der variablen Argumentliste zugegriffen werden kann, muss mit dem *Makro* **va_start()** diese Argumentenliste *initialisiert* werden (siehe Beispiel multipr.c, Zeile 0011). Der *erste Parameter* (va_list arg_ptr) von va_start() ist ein *Ausgangsparameter* und zeigt nach dem Aufruf auf das erste Element der variablen Argumentliste. Der *zweite Parameter* ist ein *Eingangsparameter* und nennt va_start() das letzte namentlich bekannte Argument vor der variablen Argumentliste. In vielen Fällen wird das ein int-Typ sein, der über die aktuelle Länge der variablen Argumentliste eine Aussage macht.

Nachdem `va_start()` für die Initialisierung gesorgt wurde, können mit dem *Makro* **va_arg()** die *einzelnen Elemente der Reihe nach geholt werden* (siehe Beispiel multipr.c, Zeile 0015). Der *erste Parameter* (`va_list arg_ptr`) ist ein *Eingangs- und Ausgangsparameter*: Er zeigt dem Makro `va_arg()` die *aktuelle Position* in der variablen Argumentliste und nach dem Aufruf zeigt er auf das nun aktuelle Element der variablen Argumentliste. Der zweite Parameter ist ein *Eingangsparameter* und spezifiziert den Typ des *aktuellen Elements*. Desweiteren spezifiziert <type> (in unserem Beispiel ist das ein `char`-Zeiger) den Zeigertyp, den `va_arg()` zum Erreichen des aktuellen Elements zurückgibt. Zuguterletzt bestimmt <type> auch das Inkrement, für den nächsten Zugriff mit `va_arg()` auf die variable Argumentliste.

Wenn eine Funktion alle Elemente der variablen Argumentliste abgearbeitet hat, sollte sie *vor dem Rücksprung* zum Aufrufer das *Makro* **va_end()** aufrufen. Dieses Makro erledigt notwendige Aufräumarbeiten. (Auf Maschinen, wo diese Aufräumarbeiten nicht notwendig sind, ist das Makro leer.)

Weiterhin muss dieses Makro immer dann verwendet werden, bevor mit `va_start()` eine erneute Abarbeitung der variablen Argumentliste innerhalb der gleichen Funktion beginnt.

Beispiel:

Im folgenden Beispiel ist mit Hilfe der oben beschriebenen Makros `va_arg()`, `va_start()` und `va_end()` eine Funktion multipr() implementiert, die eine beliebige Anzahl von Strings druckt. Dieses Beispiel ist so implementiert, dass die Funktion mit der variablen Argumentliste die Anzahl der übergebenen Argumente als Eingangsparameter genannt bekommt (siehe erstes Argument von multipr()).

```
0001 // DATEI:sources/multipr.cpp
0002 #include <stdarg.h> /* wegen va_arg(), va_start(), va_end() */
0003 #include <iostream.h>
0004 #include <string.h>
0005
0006 int multipr(int numargs, ... )
0007 {
0008       int i;
0009       va_list arg_ptr;      // Definition
0010
```

```
0011 va_start(arg_ptr,numargs);    // Initialisierung
0012
0013 for (i = 0; i < numargs; i++)
0014    {
0015       cout << va_arg(arg_ptr, char *);  // Verwendung
0016    }
0017 cout << '\n';
0018
0019 va_end(arg_ptr);                // Ende
0020 return(1);
0021 } /*** Ende multipr() ***/
0022
0023 main()
0024 {
0025 (void)multipr(1,"Das ");
0026 (void)multipr(3,"ist ","eine ","interessante ");
0027 (void)multipr(2,"Moeglichkeit, ","oder?");
0028 } /*** Ende main() ***/
0029
0030
```

Programm 46: Die Anwendung der va-Makros

3.2.14 Der Referenz-Operator

Mit dem Operator & wird eine Referenz auf eine Variable definiert. Diese
Referenz ist ein anderer Name für die referenzierte Variable. Da sich die
ursprüngliche Variable nun über mehrere Namen ansprechen läßt, wird die
Referenz auch als *alias-Name* bezeichnet. Schauen wir uns das an einem
Beispiel an:


```
0001 // DATEI:sources/alias.cpp
0002 #include <iostream.h>
0003
0004 void main(void)
0005 {
0006 int alpha = 99;
0007 int &beta = alpha; // eine Referenz auf die int-Variable alpha
```

```
0008
0009
0010 cout << "alpha: " << alpha << '\t' << "beta: " << beta << '\n';
0011
0012 beta++;
0013
0014 cout << "alpha: " << alpha << '\t' << "beta: " << beta << '\n';
0015 }
0016
0017
```

Programm 47: Der Referenzoperator

Das Programm liefert folgende Ausgaben:

```
alpha: 99 beta: 99
alpha: 100 beta: 100
```

In beiden Ausgaben sind die Werte von alpha und beta identisch; beide Namen bezeichnen ein und denselben Speicherbereich. Wird beta geändert, so ändert sich damit auch alpha. Dieses Beispiel zeigt auch, dass Referenzen keine Wertzuweisungen sind, sonst wäre nach der Änderung von beta die Variable alpha unverändert.

Eine Referenz-Definition muss stets initialisiert werden, sodass folgende Konstruktion nicht erlaubt ist:

```
int &beta;  // error: uninitialized reference beta
```

Die Zuordnung der Referenz an die referenzierte Variable bleibt bis zum Ende der Lebensdauer dieser referenzierten Variablen bestehen. Im folgenden Beispiel wird nach dem Verlassen des Schleifenrumpfs (Block) die Referenz frei für eine nächste Zuweisung:

```
0001 // DATEI:sources/refer.cpp
```

```
0002 #include <iostream.h>

0003

0004 void main(void)

0005 {

0006 static matrix[3][3] = {{1,2,3},

0007                        {3,2,1}};

0008

0009 cout << matrix[0][0] << ',' << matrix[0][1] << ',' << ma-
trix[0][2];

0010 cout << '\n';

0011 cout << matrix[1][0] << ',' << matrix[1][1] << ',' << ma-
trix[1][2];

0012 cout << '\n';

0013

0014 for (int i=0; i < 3; i++)

0015     for (int j=0; j < 3; j++)

0016         {

0017         int &m = matrix[i][j];

0018         m *= m;

0019         }

0020

0021 cout << matrix[0][0] << ',' << matrix[0][1] << ','

0022     << matrix[0][2];

0023 cout << '\n';

0024 cout << matrix[1][0] << ',' << matrix[1][1] << ','

0025     << matrix[1][2];

0026 cout << '\n';

0027 }

0028
```

Programm 48: Nochmals: der Referenzoperator

Auch hier zeigt die zweite Ausgabe, dass die Manipulation der Referenz *m* das Original, die Matrix *matrix*, betrifft.

3.2.15 Funktionen mit Referenzparameter

In C gibt es für skalare Datentypen und Strukturen nur die Wertübergabe von Argumenten beim Funktionsaufruf (*call by value*). Arrays werden im alten C via Zeiger (*call by reference*) übergeben. Bei der Wertübergabe wird von einem aktuellen Argument eine Kopie auf dem Stack erzeugt, die dann der aufgerufenen Funktion als lokale Variable zur Verfügung steht. Die eventuelle Änderung dieser lokalen Variablen ist für den Aufrufer nicht sichtbar.

```
0001 // DATEI:sources/wertpar.cpp
0002 #include <iostream.h>
0003
0004 void increment ( int wert)
0005 {
0006 wert++;
0007 }
0008
0009 void main()
0010 {
0011    int zaehler = 0;
0012
0013 cout << zaehler << '\n';
0014
0015 increment(zaehler);
0016
0017 cout << zaehler << '\n';
0018 }
0019
0020
```

Programm 49: Funktion mit Werteparameter

Will eine Funktion sich Variablen von einer Unterfunktion manipulieren
lassen, so muss die aufrufende Funktion der Unterfunktion explizit einen
Zeiger auf die betroffene Variable beim Aufruf mitgeben (siehe Zeile
015).

```
0001 // DATEI:sources/pointpar.cpp
0002 #include <iostream.h>
0003
0004 void increment ( int *wert)
0005 {
0006 (*wert)++;
0007 }
0008
0009 void main()
0010 {
0011    int zaehler = 0;
0012
0013 cout << zaehler << '\n';
0014
0015 increment(&zaehler);
0016
0017 cout << zaehler << '\n';
0018 }
0019
0020
```

Programm 50:Funktion mit Zeigerparameter

Jetzt arbeitet increment() auf der Variablen zaehler aus main(). Solche
Funktionen, die auf Variablen des Aufrufers operieren, werden auch als
Funktionsprozeduren bezeichnet. Funktionsprozeduren zu schreiben ist
dem C-Programmierer eine vertraute Angelegenheit - jedoch: Der explizite
Umgang mit Zeigern, den Adreßbildungs- und Dereferenzierungs-
Operatoren bietet zwar den Vorteil der exakten Darstellung eines Sach-
verhalts, ist aber manchen Programmierern nicht ganz geheuer. Mit der
Referenztechnik von C++ haben wir nun eine zusätzliche Methode, die ak-
tuellen Parameter für eine Prozedur so zu übergeben, dass sie von der aufgerufenen Funktion geändert werden können. Wird bei der Funktionsdefi-

nition ein formaler Parameter als Referenzparameter definiert, so wird beim Aufruf der Funktion automatisch[1] ein Zeiger auf den aktuellen Parameter übergeben. Die gerufene Funktion kann dann mit Hilfe des Referenzparameter die Variable der aufrufenden Funktion direkt ändern.

```
0001 // DATEI:sources/refpar.cpp
0002 #include <iostream.h>
0003
0004 void increment ( int &wert)
0005 {
0006 wert++;
0007 }
0008
0009 void main()
0010 {
0011    int zaehler = 0;
0012
0013 cout << zaehler << '\n';
0014
0015 increment(zaehler);
0016
0017 cout << zaehler << '\n';
0018 }
0019
```

Programm 51: Funktion mit Referenzparameter

In diesem Fall wird also nicht der aktuelle Parameter zaehler übergeben, sondern es wird in increment() lokal eine Referenz auf das Argument erzeugt. Die Bindung der Referenz wert an die Variable zaehler ist nur während der Laufzeit der Funktion increment() gegeben, da die Referenzvariable als lokale Variable nach der Beendigung der Funktion nicht mehr lebt.

---

[1] C-Fundamentalisten werden die Verwendung von Referenzparameter außerhalb der OO-Welt vermutlich ablehnen: der Aufrufstelle sieht man nun nicht mehr an, wie die Parameter übergeben werden. In der OO-Welt von C++ stellen die Referenzparameter dagegen einen echten Gewinn dar und vereinfachen in vielen Fällen die Notation in Ausdrücken. Dazu später mehr im Zusammenhang mit der Operatorüberladung.

Übersetzungstechnisch werden Argumente von einem Referenztyp vom
C++ Compiler i.d.R. als Zeiger implementiert, die Referenz ist aus der
Sicht des Programmieres jedoch kein Zeiger, sondern ein skalarer Stan-
dard-Datentyp.

In der objektorientierten Programmierung werden Referenzparameter in
erster Linie im Zusammenhang mit Elementfunktionen von Klassen verwendet, um Objekte an diese Funktionen zu übergeben. Ein weiteres Ein-
satzgebiet von Referenzen ist die Operatorüberladung.

3.2.16 Referenzen als Ergebnistyp von Funktionen

In C++ ist der Ergebnistyp von Funktionen nicht mehr eingeschränkt: es
können Strukturen, Arrays, Zeiger und Referenzen zurückgegeben werden.
Referenzen als Ergebnistyp von Funktionen - ist das etwas Ungewöhnli-
ches? Man kann ja auch Zeiger als Ergebnistyp von Funktionen haben.
Warum also die Herausstellung von Referenzen als Ergebnistyp von Funktionen? Nun, wir wollen hier auf ein Phänomen aufmerksam machen, das
der "normale" C-Programmierer nur in den seltensten Fällen kennt - und
wenn er es kennt, wird er kaum eine Anwendung dafür finden: Funktionen
mit einem Zeiger als Ergebnistyp können auf der linken (!) Seite einer
Zuweisung als Ziel stehen. Wie gesagt, im üblichen Rahmen von C, findet
man für dieses Feature nur selten Anwendungsmöglichkeiten. Anders sieht
das in der objektorientierten Welt aus: wir werden später sehen, im Zusammenhang mit Memberoperatorfunktionen wird diese Besonderheit zum
Normalfall!

Um die Phantasie anzuregen, zeigen die beiden folgenden Programme
Funktionen, die auf der linken und auf der rechten Seite einer Zuweisung
stehen können. Das erste Programm ist mit tradionellen Möglichkeiten,
nämlich Zeiger als Returnwert, definiert. Das zweite Programm nutzt die
Referenztechnik. Der Unterschied fällt beim Vergleich der beiden Zeilen
0015 auf: Unter Verwendung der Referenztechnik ist die Zuweisung einfacher zu lesen.

```
0001 //DATEI: sources/lvalpoi.cpp
0002 #include <iostream.h>
0003
```

```
0004 int eva (int);
0005 int* adam (int*);
0006
0007
0008 void main(void)
0009 {
0010 int apfel = 6;
0011 int menge = 0;
0012
0013 cout << "menge: " << menge << '\n' << "apfel:" << apfel << '\n';
0014
0015 *(adam(&menge)) = eva(apfel); // Funktionsaufruf auch auf linker
Seite der Zuweisung
0016
0017 cout << "menge: " << menge << '\n' << "apfel:" << apfel << '\n';
0018 }
0019
0020 int *adam(int *x)
0021 {
0022 return x;
0023 }
0024
0025 int eva(int y)
0026 {
0027 return y;
0028 }
```

Programm 52: Ein Funktionsaufruf als L-Value (adam() vom Typ `int*`).

```
0001 // DATEI: sources/lvalref.cpp
0002 #include <iostream.h>
0003
0004 int eva (int);
0005 int& adam (int&);
0006
0007
0008 void main(void)
0009 {
```

```
0010 int apfel = 6;
0011 int menge = 0;
0012
0013 cout << "menge: " << menge << '\n' << "apfel:" << apfel << '\n';
0014
0015 adam(menge) = eva(apfel);  // Funktionsaufruf auch auf linker
Seite der Zuweisung
0016
0017 cout << "menge: " << menge << '\n' << "apfel:" << apfel << '\n';
0018 }
0019
0020 int & adam(int &x)
0021 {
0022 return x;
0023 }
0024
0025 int eva(int y)
0026 {
0027 return y;
0028 }
```

Programm 53: Ein Funktionsaufruf als L-Value (adam() vom Typ int&).

Bei der Verwendung von Referenzen als Ergebnistyp muss man darauf achten, dass keine Referenz auf ein in der Funktion lokal definiertes Datenelement zurückgegeben wird. Funktionslokale Datengrößen werden üblicherweise beim Aktivieren der Funktion auf dem Stack allokiert und gehen nach dem Verlassen der Funktion mit der Stackbereinigung verloren: die Lebensdauer des lokalen Datenelements ist beendet. Manche C++-Compiler erkennen diese Situation und reagieren mit einer entsprechenden Fehlermeldung. Als legitime Rückgabe machen nur Referenzen auf globale oder static deklarierte lokale Datengrößen Sinn.

3.2.17 Das Schlüsselwort inline: Inline-Funktionen

Mit dem Schlüsselwort inline wird der Compiler angewiesen, den für eine Funktion generierten Code am Ort des Aufrufes direkt, eben als Inline-

Code, einzufügen. Gespart wird dadurch der Overhead des Funktionsaufrufes *(calling sequence)*. Der Code-Umfang des Programmes kann dadurch jedoch erheblich zunehmen. Inline-Funktionen werden deshalb hauptsächlich für sehr kleine Funktionen verwendet: typisch sind 1 bis 5 Anweisungen.

Zum Beispiel:

```
inline int MIN(int a, int b)

{

return ((a)<(b))?(a):(b);

}
```

Im Gegensatz zu Makros sind Inline-Funktionen typisiert, sodass eine volle Typenprüfung der aktuellen Argumente erfogt. Im Zusammenhang mit Klassen werden häufig Elementfunktionen als Inline-Funktionen formuliert.

3.2.18 Die Operatoren new und delete

Dynamisch allokierte Variablen spielen für den C-Programmierer eine große Rolle: flexible und mächtige Datenstrukturen wie Bäume und (verkettete) Listen werden damit aufgebaut. Verwaltet werden diese dynamisch allokierten Variablen mit Hilfe von Zeigern und das Anlegen und Freigeben des notwendigen Speicherplatzes macht der C-Programmierer mit den Bibliotheksfunktionen malloc(), calloc() und free(). Die Möglichkeiten der Allokation und Deallokation von Speicher hat C++ in sich eingebaut, so das die Bibliotheksfunktionen nicht mehr benutzt werden. Mit den Schlüsselwort-Operatoren new und delete wird Speicher allokiert und freigegeben. Die Möglichkeit, dem Operator *new* einen *Initialisierer* mitzugeben (gilt nur für non-Arrays), ist ein Vorteil gegenüber den traditionellen Funktionen malloc() und calloc(). Wird kein Initialisierer angegeben, so hat das von new erzeugte Objekt einen undefinierten Inhalt.

Im Beispiel unten wird im ersten Fall eine skalare, dynamische Variable p_int angelegt und mit dem Wert 3 initialisiert. Im zweiten Fall wird ein dynamisches Array iarray der Länge 10 allokiert.

```
// new mit Initialisierer:
int *p_int = new int(3);    // p_int zeigt auf 3


// new mit Groessenangabe
iarray = new int [10];    // int iarray[10];
```

Hier noch ein Beispiel für den Einsatz der Operatoren new und delete im Zusammenhang mit einem dynamischen Array:

```
0001 // DATEI:sources/dynarr.cpp
0002 #include <iostream.h>
0003 #include <stdlib.h>
0004 #include <string.h>
0005
0006
0007
0008 // Vergleichsfunktion fuer qsort()
0009
0010 int comp(const void *a, const void *b)
0011 {
0012 return strcmp((char *)a, (char *)b);
0013 }
0014
0015 void main(void)
0016 {
0017     int MaxNamen;
0018
0019     cout << "Wieviele Namen maximal? ";
0020     cin >> MaxNamen;
0021
0022     char **NameList = new char *[MaxNamen];
0023     char *aName     = new char[80];
0024
0025     for (int NameCounter = 0;
0026          NameCounter < MaxNamen;
0027          NameCounter++)
0028         {
0029         cout << "Name eingeben "
0030              << "(oder 'e' fuer Ende vor Eingabe der "
```

```
0031              << MaxNamen
0032              << " Namen): ";
0033
0034         cin >> aName;
0035
0036         if (strcmp(aName, "e") == 0)
0037              {
0038              break;
0039              }
0040
0041         NameList[NameCounter] = new char[strlen(aName)+1];
0042         strcpy(NameList[NameCounter], aName);
0043         } // end for
0044
0045    qsort(NameList, NameCounter, sizeof(char *), comp);
0046
0047    for (int i = 0; i < NameCounter; i++)
0048         {
0049         cout << NameList[i] << '\n';
0050         }
0051
0052    for (i = 0; i < NameCounter; i++)
0053         {
0054         delete NameList[i];
0055         }
0056
0057    delete aName;
0058    delete NameList;
0059 }
0060
0061
```

Programm 54: Ein dynamisches Array wird aufgebaut

3.2.19 Wenn der Heap-Speicher verbraucht ist

Die Standard-C-Bibliotheksfunktionen malloc() und calloc() liefern einen NULL-Pointer, wenn auf der Heap[1] nicht mehr genug Platz zum Allokieren der gewünschten Anzahl von Bytes vorhanden ist.

Der Operator new liefert ebenfalls einen NULL-Pointer, wenn die Heap-Allokation wegen Speichermangels nicht ausgeführt werden kann. In C++ kann also in der gleichen Weise auf den Speichermangel reagiert werden wie in C. C++ bietet darüber hinaus noch eine bessere Möglichkeit!

In C++ ist er Funktionszeiger _new_handler als Systemvariable definiert, die mit dem NULL-Pointer initialisiert ist und vom Programmierer mit einem Zeiger auf eine Problembehandlungsfunktion besetzt werden kann.

Geht ein Einsatz von new schief, so ruft das System die von diesem Zeiger referenzierte Funktion auf. Von der Idee her sollte diese Problembehandlungsfunktion dafür sorgen, dass (vieleicht aus Performancegründen) zu großzügig verbrauchter Heap-Platz wieder freigegeben wird.

Nach dem Ausführen der mittels _new_handler referenzierten Funktion versucht new erneut den gewünschten Speicher auf der Heap zu allokieren.

Besetzt wird der Funktionszeiger _new_handler nicht durch eine direkte Zuweisung, sondern mit Hilfe der Funktion set_new_handler()

Das folgende Programm ist ein Beispiel hierzu:

```
0001 // DATEI:sources/newhandler.cpp
0002 #include <iostream.h>
```

---

[1] Auf UNIX-Systemen gilt die Heap als ausgeschöpft, wenn der Systemspeicher belegt ist: d.h. der Hauptspeicher ist voll und der Page-/Swap-Space ist ebenfalls komplett belegt.

```
0003 #include <stdlib.h>
0004 #include <new.h>
0005
0006 #define FOREVER 1
0007
0008 static void SpeicherVoll()
0009 {
0010     cerr << "\nDer Freispeicher (Heap) ist voll!!!\n";
0011     exit(1);
0012 }
0013
0014 main()
0015 {
0016     long verbraucht = 0;
0017
0018     set_new_handler(SpeicherVoll);
0019
0020     while (FOREVER)
0021         {
0022         char *Ballast = new char[100000];
0023         verbraucht += 100000;
0024         cout << " 100000 Bytes allokiert;";
0025             cout << " insgesamt verbraucht: " << verbraucht <<
'\n';
0026         }
0027 }
0028
```

Programm 55: Der Heap-Speicherplatz wird verbraucht

Per default initialisiert new den allokierten Speicherplatz nicht. Ist das
notwendig, so kann der Operator new überladen werden. Siehe hierzu Kapitel "Operator-Überladung".

3.2.20 new, delete und Klassen

Die Operatoren new und delete ersetzen nicht nur malloc(), calloc() und free(), sondern sind auch für die Allokation von Klassen-Objekten geeignet. Für die Allokation von Klassen-Objekten eignen sich malloc() und caloc() nicht, da bspw. diese Funktionen keine möglicherweise notwendigen Parameter für die Konstruktoren mitbekommen können. Ähnliche Beispiele wie unten werden wir im objektorientierten Teil der Serie noch häufiger sehen, hier dient uns das Beispiel zur Verdeutlichung, dass natürlich auch beim Anlegen von Objekten (hier vom Typ Kreis) Initialisierer (hier z. B. die Mittelpunktskoordinaten (160,40) und der Radius (40)) gebraucht werden.

```
// new mit Initialisierer:
new ACircle(160,80,40);
```

3.2.21 void-Pointer und void-Funktionen

Zum Schluß sei noch erwähnt, das C++ auch Funktionen und Zeiger vom Typ void kennt. Funktionen vom Typ void haben keinen (definierten) Returnwert. Zeiger vom Typ void können jedem anderen Pointertyp zugewiesen werden. Pointer-Arithmetik funktioniert aber mit void-Zeigern nicht.

4   Klasse, Objekt und Botschaft

David Robson (Xerox Palo Alto Research Center) stellt in seiner Arbeit
"Object Oriented Software Systems" (/ROB??/) den objektorientierten Ansatz der prozeduralen Betrachtungsweise gegenüber: Die traditionelle, prozedurale Sicht beschert dem Programmierer zwei Betrachtungseinheiten,
nämlich die *Daten*, die es zu manipulieren gilt, und Funktionen als diejenigen Software-Einheiten, die diese Manipulation durchführen. In diesem
Modell geschieht alles durch den Aufruf von *Funktionen* und deren Ver-
sorgung mit den zu bearbeitenden *Daten*.

Robson streicht zwei diesem Modell innewohnende Nachteile heraus:

• Erstens: Daten und *Funktionen* werden als zwei voneinander unabhängige, oder nur lose gekoppelte Einheiten betrachtet - was sie de facto
jedoch nicht sind! Alle *Funktionen* gehen von gewissen Annahmen
über die zu manipulierenden *Daten* aus.

• Zweitens: Um ein wohlfunktionierendes System zu modellieren, ist der
Programmierer für die Zusammenstellung harmonierender Funktionen
und Daten selbst verantwortlich. Mit zunehmender Größe des
Programmmierteams wächst auch das Problem, weil sich die Kontrolle
über die Harmonie von Daten und Funktionen dem ursprünglichen Autor in dem Maße entzieht, wie andere Teammitglieder Funktionen realisieren.

Im Gegensatz zur bisher geschilderten, getrennten Betrachtungsweise von
Daten und *Funktionen*, kennt die *objektorientierte* Sicht nur *eine Einheit*,
nämlich das *Objekt*, das sowohl *Daten* wie auch auf sich anwendbare
Funktionen bestimmt. Die Daten in den Objekten sind natürlich veränderbar, aber nur durch die dem Objekt bekannten Funktionen und Operationen.

Im folgenden soll geklärt werden, welche Konzepte die Objektorientiertheit in die Welt des Programmierens einführt, wie die typischen Paradigmen der objektorientierten Programmierung aussehen und wie diese Konzepte ganz konkret von der Sprache C++ umgesetzt werden. Dabei werden wir zunächst ganz bewußt auf so manche sehr spezielle C++-Eigenheiten verzichten und uns der Klarheit wegen auf die "Normalfälle" beschränken, damit der "rote Faden" nicht verloren geht. Erst wenn der Leser "gefestigt" ist, werden wir auf die Feinheiten und Facetten eingehen.

Was kennzeichnet die objektorientierte Programmierung? Vereinfacht kann man Objektorientiertheit auf folgende Formel bringen: *Objektorientiertheit = Kapselung + Botschaften + Vererbung + Polymorphismus.* Schauen wir uns diese Paradigmen im Einzelnen an.

4.1   Kapselung und abstrakter Datentyp

In der nicht objektorientierten Programmierung werden Daten und Funktionen im wesentlichen getrennt betrachtet und modelliert. In der Objekttechnik werden Daten und Funktionen in der Kapsel zusammengefasst und gemeinsam modelliert. Von Kapselung spricht man, weil die Daten vor unmittelbarem Zugriff geschützt sind. Die Daten sind nur mittels der ihnen zugeordneten Operationen, den Elementfunktionen, manipulierbar. Weil auf die gekapselten Daten nicht explizit zugegriffen werden kann, spricht man von einem "abstrakte Datentyp".

Das Objekt bildet somit eine Einheit, das nicht mehr auf imperative Art manipuliert werden kann. Wenn wir aber das Objekt nicht mehr direkt manipulieren können, so brauchen wir ein Sprachmittel, um dem Objekt zu sagen, *was* es mit sich machen soll, welche Elementfunktion es auf sich anwenden soll! Man beachte: wir wollen sagen *was* das Objekt mit sich machen soll, wir sagen nicht, *wie* es das machen soll! Das führt uns direkt zum Botschaftenmechanismus; doch dazu später mehr.

Wie erfolgt nun diese Bindung von Daten an eine ganz konkret ihnen zugeordnete Menge von Funktionen und Operationen? In C++ wird die Kapselung duch *Klassen* realisiert. In Klassen werden die Daten und die eben diese Daten manipulierenden Funktionen definiert. Diese Funktionen, die fest einer Klasse zugeordnet sind, werden als *Elementfunktionen* bezeichnet.

4.1.1 Klassen und Objekte

4.1.1.1 Attribute und Elementfunktionen

Das Klassenkonzept ist eine Erweiterung des Typenkonzepts. Eine *Klasse* dient als Muster für die Definition von Objekten, ähnlich wie eine Strukturdeklaration als Muster für die Definition einer Strukturvariablen dient. Die Beschreibung einer Klasse umfaßt insbesondere den *Klassentyp*, den *Klassennamen*, die *Vererbungsbeziehungen*, die lokalen *Datenelemente* (Instanzvariablen) und ihren *Schutzgrad*, das *Protokoll* der Klasse (Elementfunktionen, Klassenmethoden) und die *Implementierung* der Elementfunktionen und Klassenmethoden.

Objekte können statisch zur Übersetzungszeit oder dynamisch zur Laufzeit erzeugt werden. Die Objekte einer Klasse unterscheiden sich durch die Werte ihrer Instanzvariablen. (Die Instanzvariablen sind die Datenelemente innerhalb eines Objekts.) Für alle Objekte einer Klasse ist aber die Anzahl der Instanzvariablen gleich und die möglichen Operationen auf den Instanzvariablen sind identisch.

Wir wollen im folgenden Vererbungsbeziehung noch außer acht lassen und die Deklaration einer einfachen Klasse betrachten.

4.1.1.2 Die Klassendeklaration

Eine Klassendeklaration erzeugt selbst noch kein Klassenobjekt. Sie ist ein "Bauplan", vergleichbar mit der Deklaration eines Strukturtyps. Klassendeklarationen trennt man zweckmäßigerweise von der Klassenimplementierung, da die Klassendeklaration als Include-File innerhalb des Programmierteams von allen gebraucht wird, die diese Klasse nutzen wollen. Die Klassenimplementierung wird separat übersetzt und steht dann den Teammitgliedern entweder als bindefähige Objektdatei oder als Element in einer Bibliothek zur Verfügung. Betrachten wir ein Beispiel, in dem die Klassendeklaration und die Klassenimplementierung ebenfalls getrennt sind. Hier zunächst die Klassendeklaration:

```
:
:
0003
0004  class date
0005     {
0006              int month;
0007              int day;
0008              int year;
0009     public:
0010              // Konstruktoren:
0011              date(int m,int d = 1,int y = 94);
0012              date(date&); // Copy-Initializer
0013              //
0014              // mglw. andere Elementfunktionen
0015              //
0016              void print(char *msg = "");
0017     };
0028
0019
```

Programm 56: Die Deklaration der Klasse date in der Datei date.h

4.1.1.3 Die Klassentypen

Betrachten wir die Details im Einzelnen. In der Zeile 0004 sehen wir den Klassentyp class und den Klassennamen date. C++ unterstützt mehrere *Klassentypen*, nämlich Klassen vom Typ *class*, *struct* und *union*. Worin sich diese Klassentypen unterscheiden, stellen wir weiter unten dar, wenn wir etwas mehr über die möglichen Schutzgrade der Klassenelemente Bescheid wissen. Soviel genügt an dieser Stelle: Klassen vom Typ class entsprechen den weiter oben dargestellten Kapseln, d. h. die Klassenelemente month, day und year (in den Zeilen 0006 bis 0008) haben per default den Schutzgrad *private* und sind damit nur mit Hilfe der in den Zeilen 0011 bis 0016 deklarierten Elementfunktionen manipulierbar. Von den

Elementfunktionen sind hier in diesem Beispiel ausschließlich die Schnittstellen deklariert. In der Zeile 0011 wird dabei von der weiter oben erläuterten *Parametervorbesetzung* Gebrauch gemacht.

4.1.1.4 Die Konstruktoren

Bei der genauen Betrachtung der in den Zeilen 0011 und 0012 deklarierten Elementfunktionen fällt auf, dass diese genauso heißen wie die Klasse,
in der sie deklariert sind: nämlich date. Weiterhin ist auffällig, dass für
diese Elementfunktionen kein Returnwert spezifiziert ist - auch nicht
void! Genau an diesen beiden Tatsachen erkennt man sogenannte
Konstruktoren. Was ist ein Konstruktor? Ein Konstruktor ist zuständig für
die Reservierung (Allokation) von Speicherplatz für ein Objekt und die anschließende Initialisierung. Was diese Konstruktoren konkret bewirken,
können wir alleine anhand der Deklarationen nicht erkennen, wenn wir
aber weiter unten die Implementierung der Konstruktoren sehen, werden
wir über die Wirkung der Konstruktoren mehr erfahren.

Die dritte Elementfunktion print() (Zeile 0016) ist die einzige Funktion, die als Botschaft an Klassenobjekte gehen kann. Auch hier sehen wir
noch nicht, was die Elementfunktion print() bewirkt. Wir werden im
Implementierungsteil der Klasse sehen, das diese Elementfunktion zur
Ausgabe der Klassenelemente benutzt wird.

4.1.1.5 Der Copy-Initialisierer

Noch ein Wort zum zweiten Konstruktor (in Zeile 0012). Konstruktoren,
die einen Referenzparameter vom gleichen Typ wie die Klasse, in der sie
deklariert sind, mitbekommen, heißen *Copy-Initializer* und dienen der
Duplikation von Objekten. Mit Hilfe eines Copy-Initalizers wird im Bedarfsfall nach dem Muster eines existierenden Objekts ein weiteres angelegt, das die gleichen Inhalte wie das Originalobjekt besitzt.

4.1.1.6 Die Schutzgrade von Klassenelementen

In Zeile `0009` sehen wir das Schlüsselwort `public` zur Bestimmung des Schutzgrads der danach deklarierten Klassenelemente. Welche *Schutzgrade* gibt es? C++ unterscheidet drei verschiedene Schutzgrade von Instanzvariablen oder Elementfunktionen:

- `public`-Elemente gelten als *öffentlich*, sie können von jeder Funktion und aus jeder anderen Klasse benutzt werden. Daneben gibt es noch die Schutzgrade `private` und `protected`.

- `private`-Elemente können nur von Elementfunktionen (und von Friends[1]) der Klasse, in der sie deklariert wurden, benutzt werden.

- Für `protected`-Elemente gilt das gleiche wie für `private`-Elemente. Zusätzlich ist die Benutzung durch Elementfunktionen aus abgeleiteten Klassen (und Friends) möglich

Hier nun die Klassenimplementierung, die sich aus den weiter oben genannten Gründen zweckmäßigerweise in einem anderen Modul wie die Deklaration befindet:

```
0001 // sources/date.cpp
:
:
0005 #include "date.h"          // Enthaelt Deklaration der Klasse
date
0006
:
:
:
0018
0019 date::date(int m, int d, int y) // Konstruktor 1 (kein return-
Typ!)
0020 {
0021 month = m;
0022 day   = d;
0023 year  = y;
```

---

[1]Friends erwähnen wir hier nur der Vollständigkeit halber. Was Friends sind erfahren wir später; soviel sei hier aber verraten: Friends sind Funktionen mit speziellen Möglichkeiten.

```
0024 }
0025
   :
   :
0054
0055 date::date(date &otherdate)  // Konstruktor 2; (kein return-Typ!)
0056                              // Copy-Initializer
0057 {                                   // Referenzparameter aus
Effizienzgr.
0058 month = otherdate.month;
0059 day   = otherdate.day;
0060 year  = otherdate.year;
0061 }
0062
0063 void date::print(char *msg)   // normale Elementfunktion
0064 {
0065 cout << msg << "date: " << day
0066       << "/" << month << "/" << year << "\n";
0067 }
0068
```

Programm 57: Die Definition der Elementfunktionen der Klasse date in der Datei date.C

Da die Deklaration im separaten Modul date.h untergebracht ist, muss hier natürlich diese Datei inkludiert werden (Zeile 0005). Die Funktionsköpfe der Konstruktordefinitionen stehen auf Zeile 0019, bzw. Zeile 0055. Beide Funktionsköpfe sind dadurch ausgezeichnet, dass der Bereichsauflösungsoperator :: hier auftaucht.

4.1.1.7 Der Bereichsauflösungsoperator

Vor dem Bereichsauflösungsoperator steht die Klasse, zu der die Definition der Elementfunktion gehört, denn alleine aus dem Namen der Elementfunktion kann der Compiler noch nicht erkennen, zu welcher Klasse eine Elementfunktion gehört. Es können in einem Klassenimplementierungsmodul ja durchaus mehrere Klassendeklarationen inkludiert werden, wobei in den verschieden Klassen durchaus gleichnamige Elementfunktionen vorkommen können. Beachtenswert ist beim ersten Konstruktor (Zeile

0019), dass die in der Deklaration spezifizierte Parametervorbesetzung hier nicht sichtbar ist. Beim zweiten Konstruktor (Zeile 0055) sehen wir den Einsatz eines Referenzparameters: otherdate ist die Referenz auf ein anderes Objekt von der Klasse date. Aus einem früheren Teil der Serie wissen wir, dass Referenzen als alias-Namen für andere Datengrößen angesehen werden können. Aus diesem Grund erübrigt sich ein Dereferenzieren im Inneren des Konstruktors. In beiden Konstruktorrümpfen könne wir beobachten, wie die privaten Datenelemente eines Objekts direkt angesprochen werden können - dies geht aber eben nur in Elementfunktionen.

4.1.1.8 Warum Referenzparameter?

Der Copy-Initializer ist ein gutes Beislpiel zur Motivation von Referenzparametern. Der Copy-Initializer soll ja ein neues Objekt mit Inhalten eines bestehenden Objekts füllen. Zu diesem Zweck, wir werden das im dritten Modul sehen (siehe Programm mdate.C, Zeile 0011), wird der Objektdefinition als Muster ein existierendes Objekt mitgegeben. Dieses Objekt dem Konstruktor mittels call by value zu übergeben wäre performancemindernd und bei der Objektdefinition den Referenzoperator & notieren zu müssen, wäre nicht unproblematisch: mangels Motivation würde er mit Sicherheit häufig vergessen werden.

Auch bei der dritten Elementfunktion print() (Zeile 0063) sehen wir vor dem Bereichsauflösungsoperator :: die Zuordnung zur Klasse date. Davor steht dann noch der Returnwerttyp der Elementfunktion. Da print() auch eine Elementfunktion ist, kann sie natürlich auf die privaten Datenelement direkt zugreifen, und diese mittels des Übergeberoperators auf den Standard-Outputstream (üblicherweise Bildschirm) schreiben.

Die hier gezeigten zwei Konstruktoren haben beide die Eigenschaft, dass Sie sich um Speicherallokation für Objekte nicht kümmern müssen. Wir werden später jedoch Beispiele sehen, wo Konstruktoren mit dem new-Operator explizite Allokationen auf der Heap vornehmen. In solchen Fällen werden wir für die betroffenen Klassen auch *Destruktoren* zur Verfügung stellen müssen. Die Destruktoren sorgen für die Beseitigung von Objekten, bzw. der für die Objekte auf der Heap durchgeführten Allokationen. Die Destruktoren werden, wie die Konstruktoren auch, nicht explizit aufgerufen. Konstruktoren werden implizit, am Ende der Lebensdauer eines Objekts (Blockende) aktiviert. Doch dazu später mehr.

Nachdem die Klasse date nun in date.h deklariert ist und alle Elementfunktionen in date.c implementiert sind, kann die Klasse nun verwendet werden. Dies soll in einem weiteren separaten Modul, der Datei mdate.c, erfolgen:

```
0001 // sources/mdate.cpp
0002
0003 #include "date.h" // Enthaelt Deklaration der Klasse date
0004
0005 main()
0006 {
:
:
0010     date long_ago(1,1,450);        // aktiviert date(int,int,int)
0011     date also_long_ago(long_ago); // aktiviert date(date &)
:
:
0018 long_ago.print("long_ago");
0019 also_long_ago.print("also_long_ago");
:
:
0030 }
0031
0032
```

Programm 58: Die Benutzung der Klasse date in der Datei mdate.c

In der Datei mdate.c werden nun Objekte der Klasse date (Zeilen 0010 und 0011) erzeugt und ausgegeben (Zeilen 0018 und 0019). An diesem sehr einfachen Beispiel sind für uns zwei Dinge interessant: wie Objekte definiert werden und wie Botschaften an diese Objekte gesandt werden. Die Objektdefinition geschieht wie die Definition klassischer Variablen: nach der Nennung des Typs (hier date) folgen die Namen der Objekte (hier long_ago und also_long_ago). Die beiden Objektdefinitionen aktivieren (implizit) unterschiedliche Konstruktoren. Für die Definition von long_ago (Zeile 0010) wird der erste Konstruktor aus dem Modul date.h (Zeile 0011) aktiviert, wobei in unserem Beispiel die Parametervorbesetzung nicht zum Zuge kommt, weil alle drei Größen explizit angegeben sind. Für die Definition von also_long_ago (Zeile 0011) kommt der Copy-Initialisierer zum Einsatz. Dieser wird das Objekt also_long_ago entsprechend mit den Inhalten des angegebenen Objekts long_ago füllen.

4.1.1.9 ... nochmals Elementfunktionen

Aus den Beispielen des Abschnitts "Klasse und Objekt" wissen wir bereits eine ganze Menge über Elementfunktionen. So wie in C Funktionen auf Daten angewandt werden können, so werden in C++ *Elementfunktionen* auf *Klassenobjekte* angewandt.

Elementfunktionen beschreiben Operationen oder Funktionsabläufe, mit denen die Instanzvariablen eines Klassenobjekts behandelt werden.

Analog zu den C-Funktionen setzen sich auch Elementfunktionen aus Operatoren, Kontrollstrukturen und Operanden zusammen. Ein ganz wesentlicher Unterschied zu den klassischen C-Funktionen liegt jedoch in der Benutzbarkeit: Der Geltungsbereich von C-Funktionen kann auf sämtliche Module eines Programms ausgedehnt werden. Damit läßt sich eine Funktion von jeder beliebigen Stelle eines Programms aufrufen. Elementfunktionen sind jedoch ausschließlich über ein Klassenobjekt aufrufbar; da Elementfunktionen prinzipiell Bestandteil aller Klassen sind, können sie nicht losgelöst[1] von einem Klassenobjekt benutzt werden.

Standardmäßig definierte Elementfunktionen sind die Operator-Funktionen & ("Adresse von") und = (Zuweisung[2]), wobei die Zuweisung elementweise erfolgt. Für die standardmäßig vorhandenen Elementfunktionen braucht der Programmierer weder eine Deklaration noch ein Definition zu notieren. Allerdings ist bei der default-Zuweisung Vorsicht geboten: haben wir

---

[1] Ausnahmen sind die static-Funktionen, die wir später noch eingehend behandeln.

[2] Die Zuweisung ist definiert für den Fall, dass linke und rechte Seite der Zuweisung Objekte der gleichen Klasse sind. Abgewickelt wird die Default-Zuweisung über einen geeigneten Konstruktor.

für Objekte Allokationen auf der Heap vorgenommen, so werden dies auf der Heap allokierten Daten in aller Regel beim Zuweisen nicht mitgenommen! (Daraus resultiert die „Faustregel": sobald eine Klasse auf der Heap Daten hat, müssen wir Konstruktor, Destruktor und auch die Zuweisungsoperation selbst implementieren.)

4.1.1.10 ...nochmals Klassentypen

class-Klassen

Wird eine Klasse mit **class** definiert, so sind ihre Elemente per Voreinstellung **private**. Durch den Einsatz der Zugriffsspezifizierer **public** und **protected** läßt sich das jedoch ändern. Wir haben bisher ausschließlich class-Klassen betrachtet und benutzt, da sie die idealen Kapseln sind.

struct-Klassen

Eine mit **struct** definierte Klasse ist eine einfache Klasse, in der alle Elemente per Voreinstellung **public** sind. Durch den Einsatz der Zugriffsspezifizierer **private** und **protected** läßt sich das jedoch ändern. (struct-Klassen werden selten benutzt.)

```
0001 // DATEI:sources/strucla.cpp
0002 #include <iostream.h>
0003
0004 struct Datum
0005     {
0006     int Tag;
0007     int Monat;
0008     int Jahr;
0009     void anzeigen(void);
0010     };
0011
0012 void Datum::anzeigen()
0013 {
0014 static char *mon[] = {"Januar","Februar","Maerz","April",
```

```
0015                    "Mai","Juni","Juli","August","September",
0016                    "Oktober","November","Dezember"};
0017
0018 cout << Tag << ". " << mon[Monat-1] << ' ' << Jahr << '\n';
0019 }
0020
0021 main()
0022 {
0023 static Datum LisasGeburtstag = {30, 1, 1985}; //static wg. Init.
0024 static Datum BennsGeburtstag = {25, 4, 1983};
0025 static Datum MirasGeburtstag = {18,12, 1980};
0026 static Datum FabisGeburtstag = { 9, 8, 1979};
0027 static Datum TobisGeburtstag = {13,12, 1977};
0028
0029 cout << "Lisa's Geburtstag ist der\t";
0030 LisasGeburtstag.anzeigen();
0031
0032 cout << "Benns's Geburtstag ist der\t";
0033 BennsGeburtstag.anzeigen();
0034
0035 cout << "Mira's Geburtstag ist der\t";
0036 MirasGeburtstag.anzeigen();
0037
0038 cout << "Fabi's Geburtstag ist der\t";
0039 FabisGeburtstag.anzeigen();
0040
0041 cout << "Tobi's Geburtstag ist der\t";
0042 TobisGeburtstag.anzeigen();
0043
0044 }
0045
```

Programm 59: Die struct-Klasse Datum mit einer Elementfunktion

union-Klasse

Wird eine Klasse mit **union** definiert, so sind ihre Elemente ebenfalls `public`. Diese Voreinstellung kann jedoch nicht geändert werden. (Von union-Klassen sind auch keine Ableitungen möglich.) (union-Klassen werden selten benutzt.)

4.1.2 Abstrakte Klassen (abstract, deferred, pure classes)

Eine Abstrakte Klasse ist eine bewußt unvollständige Oberklasse, in der von Methodenimplementierungen abstrahiert wird. Fehlende Methodenrümpfe werden erst in den **Unterklassen** definiert. Die **Instantiierung** von Abstrakten Klassen ist daher nicht möglich. Da wir uns mit der Vererbung noch nicht auseinandergesetzt haben, begnügen wir und hier mit der Darstellung einer abstrakten Klasse. Auf den tieferen Sinn und Zweck, sowie auf den Umgang mit abstrakten Klassen kommen wir in einem eigenen Kapitel zurück. Siehe Kapitel "Nochmals: Abstrakte Klassen und pure virtuelle Funktionen".

4.1.3 `static`-Attribute, `static`-Elementfunktionen

Im Gegensatz zu den normalen Instanzvariaben werden die mit dem Qualifier static ausgestatteten Attribute als Klassenvariablen bezeichnet. Die Instanzvariablen einer Klasse haben in jedem Objekt individuelle Werte als Inhalt. Nicht so die Klassenvariablen! Die Klassenvariablen kommen zwar auch in allen Objekten einer Klasse vor, haben jedoch in all diesen Objekten stets den gleichen Wert als Inhalt!

Static-Elementfunktionen dienen in erster Linie dem Zugriff auf static-Variablen. Da die Klassenvariablen, wie wir oben dargelegt haben, in allen Objekten den gleichen Wert haben, ist es praktisch egal, über welches Objekt auf die static-Variable zugegriffen wird. Praktisch bedeutet dies, dass sich vor dem Methodenaufruf die Notation eines Objekts erübrigt.

4.2   Der Botschaftenmechanismus

Innerhalb von Funktionen lassen sich Botschaften an Objekte senden.
Auch aus Objekten heraus lassen sich Botschaften an andere Objekte senden. Botschaften dienen so der Interaktion zwischen Objekten. Entsprechend ihrer Klassendefinition reagieren Objekte auf eingehende Botschaften durch die Ausführung einer ihrer *Elementfunktionen*. Wie sieht der
Botschaftenmechnismus in C++ aus? Betrachten wir in unserem Beispiel
oben (Programm 20) die Zeilen 0018 und 0019. Dort sehen wir, wie die
Botschaft print() einmal an das Objekt long_ago und einmal an das Objekt
also_long_ago gesandt wird: vor dem *Botschaftsnamen* print() ist durch
einen Punkt das Empfängerobjekt genannt. Außerdem wird der Botschaft
print() noch ein aktueller Parameter mitgegeben.

Die Notation für den Botschaftenmechanismus ist identisch mit der Notation für den Umgang mit Strukturen. Man kann es auch so sehen: ein Objekt ist etwas strukturiertes, das auch Funktionen "enthält" und wir selek-
tieren mit der Punktnotation eine für das Objekt definierte Elementfunktion.

Nachdem unser Beispiel etwa mit dem GNU C-Compiler (der kann C,
C++ und Objective C übersetzen) übersetzt wurde (mit `gcc mdate.C`
`date.C -o mdate`) können wir das Programm mdate starten und erhalten:

```
long_ago date: 1/1/450
also_long_ago date: 1/1/450
```

4.3   Klassen und Objekte inneinander geschachtelt („Aggregation")

So wie sich in C Strukturen ineinander schachteln lassen, so können in C++ Klassen und/oder Objekt ineinander geschachtelt werden. Allerdings gilt es folgendes zu beachten: Wird ein Objekt instantiiert, das ein weiteres Objekt „in sich trägt", so muss natürlich auch dieses Objekt instantiiert werden. Läuft die Instantiierung nicht über Standardkonstruktoren (= Konstruktoren ohne Argumente), so muss durch den „Aggregationskonstruktor" (im Beispiel unten der Konstruktor der Klasse „zusammensetzung") der „Komponentenkonstruktor" (im Beispiel unten die Komponente „baustein drei") aktiviert werden. (Übung: erfassen Sie das Beispiel unten, lassen Sie denn Komponentenkonstruktor-Aufruf weg und beobachten Sie, welche Meldung der Compiler liefert.) Eine ähnliche Konstruktor-Problematik wird uns bei der Ableitung begegnen.

```
// c/c++; illik; bascon00.cpp
// Hinweis: beachten Sie den Konstruktor-Aufruf in der
// Zeile /*!*/ Bei Aggregationen und Ableitungen ist es
// die Regel, dass der passende Baustein- oder Basisklassen-
// konstruktor explizit aufgerufen werden muss.

#include <iostream.h>
#include <stdlib.h>

class baustein
    {
    int alpha;
    int beta;
    public:
    baustein(int init_alpha,int init_beta){alpha=init_alpha;
                               beta=init_beta;};
    void bs_set_alpha(int input){alpha = input;};
    void bs_set_beta(int input){beta = input;};
    int bs_get_alpha(void){return alpha;};
    int bs_get_beta(void){return beta;};
    };


class zusammensetzung
```

```
        {
        int eins;
        int zwei;
        baustein drei;
        public:
/*!*/ zusammensetzung(int input_1, int input_2):drei(10,20)
                                        {eins=input_1;
                                         zwei=input_2;};
        void zs_set_eins(int input){eins = input;};
        void zs_set_zwei(int input){zwei = input;};
        int zs_get_eins(void){return eins;};
        int zs_get_zwei(void){return zwei;};
        int zs_get_drei_alpha(void){return drei.bs_get_alpha();};
        int zs_get_drei_beta(void){return drei.bs_get_beta();};
        };

int main(void)
{
baustein solo(100,200);

zusammensetzung aggregat(2000,3000);

cout << "solo.alpha = " << solo.bs_get_alpha() << endl;
cout << "solo.beta = " << solo.bs_get_beta() << endl;

cout << "aggregat.eins = " << aggregat.zs_get_eins() << endl;
cout << "aggregat.zwei = " << aggregat.zs_get_zwei() << endl;

cout << "aggregat.drei.alpha = " << aggregat.zs_get_drei_alpha() <<
endl;
cout << "aggregat.drei.beta = " << aggregat.zs_get_drei_beta() <<
endl;

char zeichen;
cin >> zeichen;
}
```

5   Einfache Vererbung

5.1   Die Vererbung als zentrales Strukturierungsprinzip

5.1.1 Ähnlichkeiten zwischen Klassen

Wie wir oben gesehen haben, sind Klassen die Kristallisationspunkte des Denkens beim Entwerfen und Schreiben objektorientierter Software. Beim Entwerfen von Klassen wird man schnell feststellen, dass zwischen Klassen *Ähnlichkeiten* auftauchen und sich Teilüberdeckungen charateristischer Eigenschaften einstellen können. Diese Ähnlichkeiten können unterschiedlicher Ausprägung sein.

- Die Ähnlichkeit kann darin bestehen, dass eine Klasse einen Spezialfall einer anderen Klasse darstellt. Die Spezialisierung kann entweder im Bereich der Attribute (Klassendaten) oder im Methodenangebot liegen. Die spezialisierte Klasse hat also entweder mehr Attribute, oder mehr Elementfunktionen oder beides mehr wie die allgemeinere Klasse.

- Der Fall kann auch so gelagert sein, dass die ähnlichen Klassen syntaktisch und semantisch äquivalent sind, sich aber in der Implementierung der Klassendaten oder in der Implementierung der Elementfunktionen, oder in beidem unterscheiden.

- Eine dritte Art von Ähnlichkeit besteht darin, dass zwei Klassen in mehr oder weniger großen Teilen zwar übereinstimmen, aber trotzdem keine Klasse ein Spezialfall der anderen ist, da beide Klassen eine unterschiedliche Semantik besitzen.

Um die ersten beiden Verwandtschaftsarten zum Ausdruck zu bringen, bietet uns C++ das Konzept der *Vererbung* (auch: Ableitung; engl.: derivation). Für die dritte Art brauchen wir zusätzlich noch das Konzept der *abstrakten Klassen.*

Durch *Vererbung* können aus bereits definierten Klassen neue Klassen (*Unterklassen*, auch *Subklassen* genannt) erzeugt werden. Auf diese Weise kann eine *Klassen-Hierachie* entstehen. In der Regel wird dabei von genau einer übergeordneten Klasse (*Basisklasse, Superklasse,* auch *Oberklasse* genannt) abgeleitet oder geerbt. C++ läßt für eine Sub-Klasse aber auch Ableitungen aus mehreren Basisklassen zu. Man spricht dann von *Mehrfachvererbung (multiple inheritance).* Die neue Klasse besitzt alle Attribute und alle Elementfunktionen der bisherigen Klasse und hat darüber hinaus zusätzliche neue Eigenschaften, also neue Attribute und neue Elementfunktionen.

5.1.2 Vererbung: Strukturierung und Produktivitätssteigerung

Die Vererbung ist das zentrale Strukturierungsprinzip der Klassenbildung. Neue *Unterklassen* können also definiert werden durch Spezialisierung einer oder mehrerer bestehender *Oberklassen.* Die Vererbung führt zu einer hierarchischen Anordnung der verwandten Klassen, die sich über mehrere Stufen erstrecken kann.

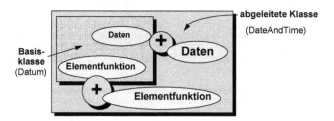

Bild 60: Die Vererbung gibt Vorhandenes weiter

Auf diese Weise ist die Vererbung ein probates Mittel um *Redundanzen* zu vermeiden, da Attribute,die in mehreren Klassen benötigt werden, nur einmal in einer gemeinsamen Basisklasse unterzubringen sind. Nebenher läßt sich damit auch die *Produktivität* erhöhen, da bereits Definiertes nicht nochmals notiert werden muss.

Wesentlich bei der Ableitung von Klassen ist also, dass die Deklaration der neuen Subklasse nur noch diejenigen Bestandteile enthalten muss, die nicht bereits in der Basisklasse definiert sind - denn alles was in der Basisklasse enthalten ist (Daten oder Elementfunktionen), ist ja auch in der Ableitung enthalten! (Siehe Bild oben.) Eine Ausnahme sind allerdings die Konstruktoren - die werden *nicht* vererbt und müssen deshalb in jeder Ableitung angegeben werden!

Die Deklaration einer Subklasse läßt die Basisklasse unverändert. Ein Zugriff auf den Quellcode der Basisklasse ist nicht erforderlich; genauer: die Klassendeklaration in einem Headerfile wird benötigt, nicht aber die Defintion der Elementfunktionen.

Im einfachsten Fall fügt eine Ableitung zu den Datenelementen der Basisklasse noch weitere dazu und ergänzt das Methodenangebot durch weitere Elementfunktionen, so wie im folgenden Fall:

```
0010 class Datum
0011 {
0012 private:
0013     int Tag;
0014     int Monat;
0015     int Jahr;
0016 public:
0017     void anzeigen(void);
0018 }
0019 class DateAndTime: Datum
0020 {
0021 private:
0022     int Sekunden;
0023     int Minuten;
0024     int Stunden;
0025 public:
0026     void anzeigen(void);
0027     void einstellen(int Sekunden,int Minuten, int Stunden);
0027 };
```

Programm 61: Basisklasse Datum und Ableitung DateAndTime

Die Klasse DateAndTime (Zeile 0019 bis 0027) ist eine Ableitung von der Klasse Datum (Zeile 0010 bis 0018). Oder anders ausgedrückt: die Klasse DateAndTime erbt von der Klasse Datum. Die Ableitung enthält alle Klassendaten der Basisklasse, in unserem Fall enthält die Klasse DateAndTime demnach Tag, Monat und Jahr. Hinzugefügt werden dem Sekunden, Minuten und Stunden. Die Ableitung spezialisiert so die allgemeinere Klasse Datum. In der Zeile 0026 erfolgt die Überladung der Elementfunktion anzeigen() (von Zeile 0017). Die Motivation ist klar: um die Datums- und Zeitwerte der Ableitung DateAndTime anzuzeigen, kann die Funktionalität der Elementfunktion anzeigen() aus der Basisklasse nicht ausreichen: dort sind ja Sekunden, Minuten und Stunden nicht bekannt[1]. Neben weiteren Daten hat in diesem Beispiel die Ableitung auch die Klassenschnittstelle erweitert: es ist die neue Elementfunktion einstellen() hinzugekommen.

Dieses Beispiel macht noch etwas deutlich! Dem aufmerksamen Leser wird kaum entgangen sein, dass das Klassendesign der Basisklasse Datum unbefriedigend ist. Es wird nämlich keine Möglichkeit angeboten, das Datum einzustellen! Durch die Nähe von Datendefinition und Funktionsdeklaration fällt der Mangel sofort auf. Dies ist ein wesentlicher Pluspunkt für die Objekttechnik.

Wie eine Ableitung ihrerseits das Geerbte weitervererben soll, läßt sich wiederum mit einem **Zugriffsspezifizierer** (engl.: _access_modifier)_, der vor der Basisklasse notiert wird, regeln (siehe Tabelle unten).

Das syntaktische Muster einer Ableitung sieht wie folgt aus:

Klassenschlüssel CLASSNAME: _Zugriffsspec_$_{opt}$ _Basisklasse_ { _Elementliste_$_{opt}$ }

---

[1] Um diese verlangte, erweiterte Ausgabefunktionalität zu realisieren, kann man in diesem Fall natürlich auf der einfacheren Version von anzeigen() aus der Basisklasse aufbauen.

Die Klasse CLASSNAME erbt alle Elemente der Basisklasse, kann aber nur die **public**- und **protected**-Elemente seiner Basisklasse direkt oder mittels Elementfunktionen benutzen.

Die Klasse CLASSNAME kann, wie oben schon erwähnt, durch die Anwendung der Zugriffsspezifizierer **public**, **protected** oder **private** auf die Basisklasse die Zugriffsmöglichkeiten auf die geerbten Elemente (Daten oder Elementfunktionen) ändern, den Zugriff für spätere Ableitungen weiter einschränken:

Art der Ableitung	Zugriffsmöglichkeit in der Basisklasse	Neue Zugriffsmöglichkeit in der Ableitung
public	public	public
	protected	protected
	private	private
protected	public	protected
	protected	protected
	private	private
private	public	private
	protected	private
	private	private

Bild 62: Die Rolle der Zugriffsspezifizierer bei der Vererbung

Fehlt bei der *Basisklasse* der Zugriffsspezifizierer, so gilt als **Voreinstellung** folgendes:

- Ist der *Klassenschlüssel* = *class*, so ist die Art der Ableitung per Voreinstellung **private**.

- Ist der *Klassenschlüssel* = *struct*, so ist die Art der Ableitung per Voreinstellung **public**.

C++ ist flexibel: Der Effekt von Zugriffsspezifizierern bei der *Basisklasse*
kann durch die Verwendung von *qualifizierten Namen* in der **public**-
oder **protected**-Deklaration der abgeleiteten Klasse nocheinmal abge-
ändert werden (*Redeklaration*):

```
0012 class Basis_2
0013 {
0014     int alpha;        // Voreinstellung: private
0015 public:
0016     int beta;
0017     int gamma;
0018     int BasElemFkt(void);
0019 };
0020
0021 class Ableitung_2: protected Basis_2
0022 {                     // beta, gamma und BasElemFkt()
0023                       // sind nun in Ableitung_2 protected
0024     int delta;
0025 public:
0026     Basis_2::gamma;   // gamma war protected -> jetzt public
0027     int epsilon;
0028     int AblElemFkt(void);
0029 };
```

Programm 63: ...nochmals: Basisklasse und Ableitung

Hier liegt der Sachverhalt etwas anders wie im Beispiel oben. Hatten wir
es im Beispiel oben mit einer private-Ableitung zu tun, so liegt hier eine protected-Ableitung vor. Durch das Schlüsselwort protected im
Klassenkopf von Ableitung_2 werden die öffentlichen (public) Daten
der Basisklasse in der Ableitung bezüglich der Zugriffsmöglichkeiten eingeschränkt: sie sind jetzt protected, d. h. nicht mehr direkt zugreifbar,
sondern nur mittels der in der Ableitung deklarierten Elementfunktionen.
In der Zeile 0026 sehen wir eine teilweise Rücknahme der Einschränkung. Das durch die protected-Ableitung eingekapselte gamma wird
per Redeklaration wieder public gemacht. Zu beachten ist, dass bei einer Redeklaration der Zugriffsberechtigung für ein Klassenattribut oder

eine Elementfunktion sich nur der originale Zugriffspezifizierer wieder
wirksam manchen läßt. Selbstverständlich kann ein ursprünglich als `pri-`
`vate` qualifiziertes Klassenattribut nicht per Redeklaration `protected`
oder `public` gemacht werden.

5.2 Verschiedene Arten der Vererbung

Die Vererbung läßt sich kategorisieren in **Einfachvererbung, Mehrfach-**
vererbung und **wiederholte Vererbung**. Eine Einschränkung in der Vererbung wird als **selektive Vererbung** bezeichnet. Die selektive Vererbung
wird von C++ nicht direkt unterstützt. Man kann zwar, wie wir oben gesehen haben, den Zugriff auf `public` und `protected` Elemente bei der
Vererbung noch weiter einschränken, aber die Elemente bleiben im abgeleiteten Objekt. Die *Mehrfachvererbung*, die *wiederholte Vererbung* und
die *virtuelle Vererbung* sehen wir uns später an.

5.3 Beispiel: die Klasse vektor erbt von der Klasse array

Sehen wir uns zum Thema Vererbung ein konkretes Beispiel an. Im folgenden Beispiel werden zwei Klassen definiert: die Basisklasse array und
die davon abgeleitete Klasse vektor.

Bei Klassenobjekten der Klasse array wird die Länge N des Arrays dynamisch festgelegt. Indexgrenzen liegen zwischen 0 und N-1. Definiert werden folgende Operationen: die Array-Addition +, die Array-Subtraktion -,
die Array-Zuweisungen =, += und -= und die Array-Zugriffsfunktion [].

Aus der Klasse array wird eine Klasse vektor abgeleitet, deren untere und
obere Indexgrenze sich frei festlegen lassen, so wie das bei Vektoren in
Pascal der Fall ist.

```
0018
0019 #include <iostream.h>
0020 #include <stdio.h>
0021 #include <stdlib.h>
0022
0023 #define MIN(a,b) ((a)<(b))?(a):(b)
0024 #define MAX(a,b) ((a)<(b))?(b):(a)
0025
0026 class array
0027 {
0028 int size;                    // Groesse des Arrays
0029 int *a;                      // Zeiger dyn. allok. Array
0030 public:
//************************************************************
0031 array(array &t);            // Konstr.1;Copy-Initial.--MF 01
0032 array(int size = 1,int x = 0); // Konstruktor 2----------MF 02
0033 array &operator=(array &t); // Zuweisung--------------MF 03
0034 array operator+(array &t);  // Addition---------------MF 04
0035 array &operator+=(array &t); // addierende Zuweisung----MF 05
0036 array operator-(array &t);  // Subtraktion------------MF 06
0037 array operator-=(array &t); // subtrahierende ZuweisungMF 07
0038 ~array();                    // Destruktor-------------MF 08
0039 int& operator[](int i);      // wir ueberladen []-------MF 09
0040 int length(void);            // return Array-Laenge-----MF 10
0041 void Display(char *text);    // display array mit Text--MF 11
0042 }; /* semicolon after closing brace is essential! */
0043
0044 /*** Ende array.hpp ------------------------------------***/
0045
```

Programm 64: Die Headerdatei array.hpp mit der Deklaration der Basisklasse array

Betrachten wir die Klassendeklaration etwas genauer. An privaten Datenelementen werden nur zwei Größen eingerichtet: in size (Zeile 28) wird die aktuelle Länge des Arrays aufgenommen werden und der Zeiger a (Zeile 29) wird auf das bedarfsgerecht allokierte, elementare Array zeigen. Einleuchtend ist, dass diese Datenelemente privat sein müssen, um vor willkürlicher Manipulation sicher zu sein.

5.4 Der Destruktor

In den Zeilen 31 und 32 werden zwei **Konstruktoren** deklariert. Ist der
Name einer Elementfunktion gleich dem Namen der Klasse, so wird die
Elementfunktion als Konstruktor bezeichnet. Ein "komplementärer", mit ~
gekennzeichneter Konstruktor heißt **Destruktor** (Zeile 38). Konstruktoren
dienen der Erzeugung (Allokation) und Initialisierung von Klassenobjekten. Der Destruktor beseitigt Klassenobjekte (Deallokation), genaugenommen, die auf der Heap allokierten "Anhängsel" der Klassenobjekte. In
der Klasse array hat der Destruktor die Aufgabe gegebenenfalls den vom
Zeiger a referenzierten Speicherbereich des elementaren Arrays wieder
freizugeben (siehe Modul array.C, Zeile 65).

Besitzt eine Klasse mehrere Konstruktoren, so läßt sie sich auf mehrere
Arten initialisieren. Bei unserer Klasse array kann ein Klassenobjekt zum
einen als eine Kopie eines anderen array-Objekts aufgebaut werden
(Konstruktor 1, Copy-Initializer) und zum anderen durch die explizite An-
gabe der Array-Länge und des gewünschten Werts zur Vorbesetzung
(Konstruktor 2).

Die initialisierenden Angaben bei der Definition des Konstruktors 2 sind
Default-Parameter: Wird einer der Parameter beim Aufruf weggelassen, so
wird die Parametervorbesetzung wirksam.

```
0024
0025 #include "array.hpp"          // Basisklassen-Deklaration
0026
0027 class vektor: public array
0028 {
0029 int LowerBorder;              // untere Indexgrenze
0030 int UpperBorder;              // obere Indexgrenze
0031 public:
//***********************************************************
0032 vektor(int l, int u);         // Konstruktor -----------MF 01
0033 int& operator[](int i);       // wir ueberladen []------MF 02
0034 void Display(char *txt);      // wir ueberl- Display()---MF 03
```

```
vektor& operator+(vektor &t);  // wir ueberladen +
vektor& operator=(vektor &t);  // wir ueberladen =
}; /* semicolon after closing brace is essential! */

/*** Ende vektor.hpp ---------------------------------------***/
```

Programm 65: Die Headerdatei vektor.hpp mit der Deklaration der Basisklasse vektor

Betrachten wir die Klasse vektor. Die Klasse vektor ist eine von der Klasse array abgeleitete Klasse. Die Klasse, von der abgeleitet wird, bezeichnet man als *Basisklasse*, oder auch als *Super-Klasse* oder *Oberklasse*. Die Basisklasse wird im Klassenkopf nach dem Doppelpunkt genannt: hier die Klasse vektor. Das Schlüsselwort `public` sagt, dass die Basisklasse als `public`-Basisklasse betrachtet wird. Die vererbten Elemente einer `public`-Basisklasse behalten ihre Zugriffsebene innerhalb der abgeleiteten Klasse bei.

Der Code der Elementfunktionen kann, muss aber nicht in der Klassendeklaration enthalten sein. Ist der Code nicht enthalten, so vertritt ihn sein *Prototyp*. Von dieser Möglichkeit sollte stets Gebrauch gemacht werden! Ist die Klassendeklaration auf diese Art sauber getrennt von der Implementierung der Klasse, so kann jetzt die Klassendeklaration als Header allen Benutzern der Klasse in Quellform zur Verfügung gestellt werden, während die Klassenimplementierung als bindefähiger Objektcode-Modul Verwendung findet. (Siehe weiter unten das Bild: "Modulorganisation bei Vererbung".)

Die in den Klassen array und vektor (Dateien array.h und vektor.h) deklarierten Elementfunktionen sind in den Dateien array.C und vektor.C implementiert.

```
#include "array.hpp"

// int min(int a,int b)
// {
```

```
0026 // return ((a)<(b))?(a):(b);
0027 // }
0028
0029 /***************************************************************/
0030 /*** array(); Konstruktor 1; Copy Initializer          ***/
0031 /***************************************************************/
0032 array::array(array &t)
0033 {
0034 size = t.size;
0035
0036 a = new int[size]; // "abstract declarator";
0037                    // entspr. (char *)malloc(size*sizeof(int))
0038
0039 for(int i = 0; i < size; i++)
0040    {
0041    a[i] = t.a[i];
0042    }
0043
0044 }
0045
0046 /***************************************************************/
0047 /*** array(); Konstruktor 2                            ***/
0048 /***************************************************************/
0049 array::array(int size, int x)
0050 {
0051 this->size = size; // this hier um size-Namenskonflikt zu ver-
meiden;
0052                    // denn formaler Parameter heisst auch size;
0053 a = new int[size];
0054
0055 for(int i = 0; i < size; a[i++] = x)
0056    ;
0057 }
0058
0059 /***************************************************************/
0060 /*** ~array(); Destruktor                              ***/
0061 /***************************************************************/
0062 array::~array()              // Destruktor-------------MF 04
0063 {    // Der Destruktur wird automatisch am Blockende aufgerufen.
0064
0065 delete a; // das mit new allok. array im Klassenobj. wird ge-
loescht.
```

```
0066 }
0067
0068 /**************************************************************/
0069 /*** Display()                                           ***/
0070 /**************************************************************/
0071 void array::Display(char *text)
0072 {
0073 cout << "\n >>> Array-Ausgabe für: \t"
0074     << text
0075     << ", length = "
0076     << size
0077     << "\n";
0078
0079 for (int i = 0; i < size; i++)
0080     {
0081     cout << a[i] << ", ";
0082     }
0083 }
0084
0085 /**************************************************************/
0086 /*** operator=                                           ***/
0087 /**************************************************************/
0088 array& array::operator=(array &t)
0089 {
0090 int s = MIN(size,t.size);
0091
0092 for(int i = 0; i < s; i++)
0093     {
0094     a[i] = t.a[i];
0095     }
0096
0097 return *this;
0098 }
0099
0100 /**************************************************************/
0101 /*** operator+                                           ***/
0102 /**************************************************************/
0103 array array::operator+(array &t)
0104 {
0105 int s = MIN(size, t.size);
0106 array temp(s);
```

```
0107
0108 for(int i = 0; i < s; i++)
0109   {
0110     temp.a[i] = a[i] + t.a[i];
0111   }
0112
0113 return temp;
0114 }
0115
0116 /*****************************************************************/
0117 /*** operator+=                                           ***/
0118 /*****************************************************************/
0119 array& array::operator+=(array &t)
0120 {
0121 int s = MIN(size, t.size);
0122
0123 for(int i = 0; i < s; i++)
0124   {
0125     a[i] += t.a[i];
0126   }
0127
0128 return *this;
0129 }
0130
0131 /*****************************************************************/
0132 /*** operator-                                            ***/
0133 /*****************************************************************/
0134 array array::operator-(array &t)
0135 {
0136 int s = MIN(size, t.size);
0137 array temp(s);
0138
0139 for(int i = 0; i < s; i++)
0140   {
0141     temp.a[i] = a[i] - t.a[i];
0142   }
0143
0144 return temp;
0145 }
0146
0147 /*****************************************************************/
```

```
0148 /*** operator-=                                                ***/
0149 /****************************************************************/
0150 array& array::operator-=(array &t)
0151 {
0152 int s = MIN(size, t.size);
0153
0154 for(int i = 0; i < s; i++)
0155    {
0156    a[i] -= t.a[i];
0157    }
0158
0159 return *this;
0160 }
0161
0162 /****************************************************************/
0163 /*** operator[]                                              ***/
0164 /****************************************************************/
0165 int& array::operator[](int i)   // wir ueberladen []-------MF 06
0166 {
0167 return a[i];
0168 }
0169
0170 /****************************************************************/
0171 /*** length()                                                ***/
0172 /****************************************************************/
0173 int array::length(void)          // return Array-Laenge-----MF 01
0174 {
0175 return(size);
0176 }
0177
0178 /*** Ende array.C ----------------------------------------***/
0179
```

Programm 66: Die Datei array.C mit der Definition der Elementfunktionen von array

Damit der Compiler weiß, für welche Klassen eine Elementfunktion definiert werden soll, muss bei der Klassenimplementierung der Klassenname dem Namen der Elementfunktion durch einen Doppelpunkt getrennt vorausgehen. Beachte: Bei den *Konstruktoren* und *Destruktoren* darf vor dem

Klassennamen *kein Returnwert-Typ* stehen; in allen anderen Fällen gelten die üblichen Regeln für die Angabe eines Funktionstyps.

In den Konstruktoren der Klasse array wird der Allokationsoperator new verwendet. Der dadurch allokierte Speicherplatz wird durch den Destruktor zu gegebener Zeit wieder frei gegeben. Der **Destruktor** wird automatisch aufgerufen, wenn der Geltungsbereich des Objekts verlassen wird. Dadurch wird auch der dynamisch allokierte Speicher in die Scope-Regeln (Geltungsbereich / Lebensdauer) mit einbezogen.

5.5 Der this-Zeiger

In der Zeile 51 (im Modul array.C) ist ein bisher unbekanntes Schlüsselwort aufgetaucht: *this*. Dieses Schlüsselwort wird uns in der Folge noch häufiger begegnen. Die Größe **this** ist ein Zeiger auf das Klassenobjekt, über das die Elementfunktion aufgerufen wurde (Message-Empfänger). Dieser Zeiger ist in jeder Elementfunktion bekannt, also schon vordefiniert. Wozu ist dieser Zeiger gut?

Jedes Klassenobjekt verwaltet seine eigene Kopie der Datenelemente seiner Klasse (*Instanzenvariable*). Haben wir also mehrere Objekte von einer Klasse, sagen wir einmal von der Klasse Datum, so hat jedes Objekt die Instanzvariablen Tag, Monat und Jahr in sich und die Instanzvariablen des einen Objekts haben mit den Instanzvariablen des anderen Objekts als eigenständige Existenzen nichts miteinander zu tun. Anders sieht es mit den Elementfunktionen aus: die sind *nicht* physikalisch in einem Klassenobjekt enthalten. Wäre das der Fall, so würde der Speicherbedarf mit der zunehmenden Anzahl von Klassenobjekten sehr stark ansteigen. Außerdem ist die Mehrfachspeicherung der Funktionen nicht notwendig. Von Elementfunktionen existiert in C++ deshalb jeweils nur eine Inkarnation.

Damit diese einzige Inkarnation einer Elementfunktion bei der Manipulation von Instanzvariablen das richtige Klassenobjekt anspricht, bekommt jede Elementfunktion beim Aufruf einen Zeiger auf das Klassenobjekt, über das die Elementfunktion aufgerufen wurde (Sender der Message). In der Elementfunktion steht dieser implizite Zeiger unter dem Namen *this* zur Verfügung. In der Zeile 51 im Modul array.C wird nun der this-Zeiger verwendet, um einen Namenskonflikt aufzulösen: ein formaler Parameter des zweiten Konstruktors und ein Klassenattribut heißen gleich. Natürlich ist das nicht der Haupteinsatzzweck des this-Zeigers, zumal ein solcher Namenskonflikt durch die Änderung der Bezeichnung des formalen Parameters aus der Welt geschaffen wäre, aber wir wissen jetzt, was sich hinter dem this-Zeiger verbirgt.

```
0020
0021 #include <stdio.h>
0022 #include "vektor.hpp"
0023
0024
0025 /**************************************************************/
0026 /*** Konstruktor                                         ***/
0027 /**************************************************************/
0028
0029 vektor::vektor(int l, int u): // Konstruktor -------------MF 01
0030    array(u-l+1)          // AUFRUF DES BASISKLASSENKONSTRUKTORS!!
0031 {
0032 if (u-l < 0)
0033    u = l;
0034
0035 UpperBorder = u;
0036 LowerBorder = l;
0037 }
0038
0039 /**************************************************************/
0040 /*** operator[]                                          ***/
0041 /**************************************************************/
0042 int& vektor::operator[](int i)
0043 {
0044 if (LowerBorder <= i && i <= UpperBorder )
0045    {
0046    return array::operator[](i-LowerBorder) ;
0047    }
0048 else
0049    {
0050    printf("\n***INDEXFEHLER***: ");
0051    printf("index --->%d<--- out of range (%d,%d)!\n",
0052           i,LowerBorder,UpperBorder);
0053    }
0054 }
```

```
0055
0056 /****************************************************************/
0057 /*** operator+                                              ***/
0058 /****************************************************************/
0059 vektor& vektor::operator+(vektor &t)
0060 {
0061 this->array::operator+(t);
0062 return(*this);
0063 }
0064
0065 /****************************************************************/
0066 /*** operator=                                              ***/
0067 /****************************************************************/
0068 vektor& vektor::operator=(vektor &t)
0069 {
0070 this->array::operator=(t);
0071 return(*this);
0072 }
0073
0074 /****************************************************************/
0075 /*** Display()                                              ***/
0076 /****************************************************************/
0077 void vektor::Display(char *txt)
0078 {
0079 cout << "\n ### Vektor-Ausgabe für: \t"
0080      << txt
0081      << " LowerBorder = " << LowerBorder
0082      << " UpperBorder = " << UpperBorder
0083      << "\n";
0084
0085 for(int i = LowerBorder; i <= UpperBorder; i++)
0086    {
0087    cout << (*this)[i] << ", ";
0088    }
0089
0090 }
0091 /*** Ende vektor.C ---------------------------------------***/
0092
```

Programm 67: Die Datei vektor.C mit der Definition der Elementfunktionen von vektor

5.6   Aufruf des Basisklassenkonstruktors

Auffällig ist die Definition des ersten Konstruktors in Zeile 30 des Moduls vektor.c. Der Kopf der Konstruktordefinition sieht anders aus als bisher bekannt: was passiert in Zeile 30? Wir sehen hier eine einfache *Element-initialisierungsliste*: der Konstruktor der abgeleiteten Klasse vektor ruft hier im Funktionskopf zwischen dem Doppelpunkt und dem Beginn des Funktionsrumpfes explizit den Konstruktor der Basisklasse array auf! Haben wir nicht vor einiger Zeit erfahren, dass Konstruktoren der Basisklassen automatisch vor den Konstruktoren der abgeleiteten Klasse aufgerufen werden? Nun ja, in der Regel werden wir die Konstruktoren nicht explizit aufrufen. Aber hier liegt ein Sonderfall vor: bietet die Basisklasse mehrere Konstruktoren an, so ist für den Compiler nicht entscheidbar, welcher in diesem Fall verwendet werden soll! Ein gleich gelagertes Problem liegt schon vor, wenn die Basisklasse auch nur einen Konstruktor besitzt, der ein oder mehrere Argumente erwartet. Hier taucht die Frage auf, wie sind der oder die Parameter zu besetzen? Also sorgen wir dafür, dass der richtige Konstruktor mit den richtigen Parametern aktiviert wird.

In einer Elementinitalisierungsliste brauchen wir nur solche Basisklassen nicht anzugeben, die keinen Konstruktor oder nur einen Konstruktor ohne Argumente haben.

Die Zugriffsfunktion '[]'für die Klasse Vektor baut auf der Zugriffsfunktion der Klasse array auf und führt eine Umrechnung der Indizies durch.

Das folgende Hauptprogramm (Datei main.c) zeigt den Umgang mit den Klassenobjekten.

```
0018
0019 #include <stdio.h>
0020 #include "vektor.hpp"
0021
0022 #define OK 1
```

```
0023
0024 /***************************************************************/
0025 /*** main()                                                ***/
0026 /***************************************************************/
0027 main()
0028 {
0029 array x(5);                 // array Laenge = 5; Inhalt = 0
0030 array y(10,10);             // array Laenge = 10; Inhalt = 10
0031
0032 x.Display("1. x = 0");      // display array x
0033 y.Display("2. y = 10");     // display array x
0034
0035 x = y;                      // Zuweisung array x = array y
0036
0037 x.Display("3. x = y");
0038
0039 array z(y);                 // array Laenge = length(y)
0040                             // Inhalt von z = Inhalt von y
0041
0042 z.Display("4. z = y");
0043
0044 x = x + x;                  // array Addition
0045 z = z - x;                  // array Subtraktion
0046
0047 x[x.length()-1] = 99;       // letztes array-Feld auf 99 setzen
0048 z[z.length()-1] = 99;       // letztes array-Feld auf 99 setzen
0049
0050 x.Display("5. x = x + x");
0051 z.Display("6. z = z - x");
0052
0053 vektor a(5,10);             // in C++ sind Definition nicht
0054                             // nur am Blockanfang moeglich!
0055
0056 vektor b = a;
0057
0058 for(int i = 5; i <= 10; i++)
0059     {
0060     a[i] = i;
0061     }
0062
0063 a.Display("7. a");
```

```
0064
0065 b = a + a;       // Der Additionsoperator fuer vektor
0066                  // wurde ueberladen (siehe vektor.hpp)
0067                  // Der Zuweisungsoperator fuer vektoren
0068                  // wurde ueberladen (siehe vektor.hpp)
0069                  // ...die Ueberladung
0070                  // des Zuweisungsoperators vererbt sich naemlich
0071                  // nicht aus der Basisklasse array...
0072
0073 b.Display("8. b = a + a");
0074
0075 a.array::Display("9. Vektor: a + a");     // Beachte ::
0076
0077 printf("\nsizeof class array = %u;",sizeof(class array));
0078 printf("\nsizeof class vektor = %u;",sizeof(class vektor));
0079
0080 a[11] = 999;               // ILLEGAL: INDEXFEHLER
0081 a[3] = 999;                // ILLEGAL: INDEXFEHLER
0082
0083 return(OK);
0084
0085 }
0086 /*** Ende main.C -------------------------------------------***/
0087
```

Programm 68: Die Datei main.c mit dem Hauptprogramm (die Verwendung der Klassen array und vektor)

Im Programm main.c (siehe oben) sehen wir nun die Anwendung der in den Klassen konzipierten Möglichkeiten: wir können Arrays auf einfache Art einander zuweisen und miteinander verknüpfen. Das Gleiche gilt für Vektoren. Desweiteren ist der Umgang mit Vektoren sicherer geworden: wir haben eine Indexprüfung eingebaut.

5.7 Typische Modulstruktur, wenn Vererbung genutzt wird

Betrachten wir nochmals den Zusammenbau der einzelnen Module unseres kleinen Array-Vektor-Systems: es besteht aus insgesamt fünf Moduln, die, wie im makefile unten dargestellt, übersetzt und gebunden werden.

```
0001all:main.C vektor.C array.C
0002    CC -o -g arrvek main.C vektor.C array.C
0003
0004    vektor.C: vektor.h
0005    array.C:array.h
```

Programm 69: Das makefile zur array-vektor-Beispiel (ohne den Einsatz einer Klassenbibliothek)

Wie die Module organisiert sind, ist typisch für objektorientierte C++-Programme. Für eine Klasse gibt es ein Modulpaar. Ein Modul enthält die Deklaration der Klasse (z. B. array.h), ohne die Implementierung der Elementfunktionen. Ein weiterer Modul (z. B. array.C) enthält die Implementierung der Elementfunktionen. Auf diese Weise sind Deklaration und Implementierung getrennt. Die Deklaration im Headerfile kann nun veröffentlicht werden, sodass sie von allen Teammitgliedern genutzt werden kann. Die Implementierung wird separat übersetzt, aber natürlich nicht gebunden. Der daraus entstehende Objektmodul wird typischerweise in eine Klassenbibliothek gestellt. Der Objektmodul kann natürlich auch als solcher benutzt werden, so wie im makefile oben. Da die Quellen für die Implementierung der Elementfunktionen nicht veröffentlicht werden bleibt unsere Klasse sicher: würden im Headerfile Änderungen vorgenommen werden (z. B. eine Attributänderung von `private` auf `public`), so würde der im Objektmodul stehende Implementierungsteil nicht mehr dazu passen! Das Bild unten zeigt eine Modulorganisation, wenn eine Klassenbibliothek genutzt werden soll:

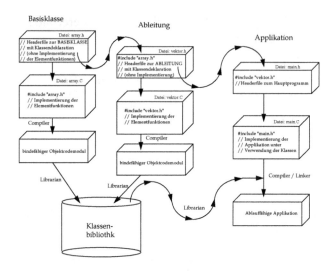

Bild 70: Modulorganisation bei Vererbung

Wenn wir für die Archivierung der Elementfunktionen unserer Klassen eine Library verwenden, änder sich natürlich auch das makefile. Hier ist ein
makefile, das die Klassenbibliothek classlib.a pflegt und in dem sich die
im Bild oben dargestellte Modulstruktur wiederspiegelt:

```
0000
0001 arrvek: main.o array.o vektor.o
0002        g++ main.o classlib.a -o arrvek
0003
0004 array.o: array.C array.hpp
0005        g++ -c array.C -o array.o
0006        ar -rv classlib.a array.o
0007
0008 vektor.o: vektor.C vektor.hpp array.hpp
0009        g++ -c vektor.C -o vektor.o
0010        ar -rv classlib.a vektor.o
0011
```

```
0012 main.o: main.C vektor.hpp
0013      g++ -c main.C -o main.o
0014
```

Programm 71: Das makefile zum array-vektor-Beispiel (mit einer Klassenbibliothek)

Über die "Vererbungslehre" wissen wir nun sehr viel - aber noch immer nicht alles. Weiteres Potential steckt in der Mehrfachvererbung (engl. *multiple inheritance*). Bei der Mehrfachvererbung wird eine neue Unterklasse von mehr als nur einer direkten Oberklasse abgeleitet. Die neue Unterklasse erbt so die Vereinigung der Instanzvariablen und Methoden ihrer Oberklassen. Durch die Mehrfachvererbung können netzartige Beziehungen zwischen den Basisklassen und den Ableitungen entstehen.

6 Fortgeschrittene Möglichkeiten der Vererbung

6.1 Die "Erbschaft" verkleinern

Was tun, wenn bestimmte Klassendaten und Elementfunktionen aus der "Erbschaft" herausgelassen werden sollen, weil man z. B. verhindern will, dass der Nutzer der abgeleiteten Klasse die geerbten Elementfunktionen aufrufen kann, weil diese geerbten Funktionen im Kontext der abgeleiteten Klasse keinen Sinn mehr machen, oder weil man sie für "gefährlich" erachtet? Nun, weiter oben wurde bereits erwähnt, dass dieser Fall von "selektiver Vererbung" von C++ nicht direkt unterstützt wird. Wir haben also nicht die Möglichkeit zu sagen, dass wir aus einer Basisklasse bestimmte Elemente nicht haben wollen. Das heißt, in einer Ableitung sind also stets alle Klassendaten und Elementfunktionen vorhanden, die auch in der Basisklasse existieren. Wir haben nur die Möglichkeit dafür zu sorgen, dass bestimmte Elemente, die via Vererbung in eine abgeleitete Klasse gekommen sind, zumindest logisch auszublenden. Um das Gewünschte zu erreichen, können wir nach der folgenden Strategie verfahren.

Wir machen von einer Basisklasse eine `private`-Ableitung. Damit sind alle `protected` und `public`-Elemente der Basisklasse nun nicht mehr direkt zugreifbar. Elemente, die in der Basisklasse `public` oder `protected` waren, und das auch weiterhin bleiben sollen, redeklarieren wir im Klassenrumpf der Ableitung wieder als `public` oder `protected`. Achtung: durch eine Redeklaration läßt sich immer nur der ursprünglich eingestellte Zugriffschutz wieder herstellen! Aus diesem Grund ist das folgende Verfahren *nicht* möglich: wir machen von einer Basisklasse eine `public`-Ableitung, damit zunächst alle `public`-Elemente der Basisklasse weiterhin direkt zugreifbar sind. Um dann das auszunehmen, was jetzt nicht mehr direkt zugreifbar sein darf, redeklarieren wir es im Klassenrumpf der Ableitung als `private` oder `protected`.

Eine andere Möglichkeit: wir können geerbte Funktionen, die wir unserem Klassenbenutzer nicht gönnen, durch eine Funktionsüberladung mit einer leeren Funktion wegnehmen.

6.2   Die Mehrfachvererbung

Eine Klasse kann sich auf mehrere Basisklassen stützen, die ihrerseits durchaus wiederum aus einer Vererbung hervorgegangen sein können. Wenn die lineare Struktur der Einfach-Vererbung nicht ausreicht, um die Wirklichkeit zu beschreiben, ist die Mehrfachvererbung mit ihrer Baumstruktur, oder auch Netzstruktur, angezeigt. Bei der Mehrfachvererbung wird eine neue Unterklasse von mehr als nur einer direkten Oberklasse abgeleitet. Die neue Unterklasse erbt also die Vereinigung der Instanzvariablen und Methoden ihrer Oberklassen.

Stützt sich eine Klasse auf mehrere Basisklassen, so werden die Basisklassen alle in der Basisliste aufgezählt.

Das syntaktische Muster einer Mehrfach-Ableitung sieht folgendermaßen aus:

Klassenschlüssel CLASSNAME: *Zugriffsspec*$_{opt}$ *Basisklasse,Zugriffsspec*$_{opt}$ *Basisklasse,...*

{ *Elementliste*$_{opt}$ }

Die Basisklassen, von denen abgeleitet wird, werden also alle aufgezählt. Dabei ist pro Basisklasse die Art der Ableitung durch Angabe eines Zugriffsspezifizierers einstellbar.

Betrachten wir ein Beispiel, bei dem von einer Basisklasse zwei Ableitungen gemacht werden. Diese beiden Ableitungen dienen dann jeweils ihrerseits als Basisklasse für eine Mehrfachableitung:

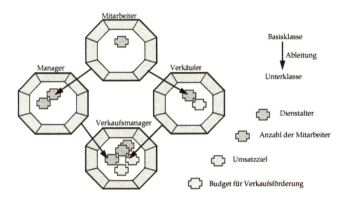

Bild 72: Mehrfachvererbung: die Klasse Verkaufsmanager ist abgeleitet von der Klasse Manager und der Klasse Verkaeufer.

Notiert in C++ ergibt sich folgendes:

```
0001
0002 class Mitarbeiter
0003 {
0004 int Dienstalter;
0005 public:
0006 void Gehaltsueberweisung(int monat);
0007 };
0008
0009 class Manager: public Mitarbeiter
0010 {
0011 int AnzahlMitarbeiter;
0012 // ...
0013 public:
0014 void MAGespraech(Mitarbeiter kollege);
0015 // ...
0016 };
0017
0018 class Verkaeufer: public Mitarbeiter
```

```
0019 {
0020 int Umsatzziel;
0021 // ...
0022 public:
0023 void ProvisionErmitteln(int quartal);
0024 // ...
0025 };
0026
0027 class Verkaufsmanager: public Verkaeufer,
0028                        public Manager
0029 {
0030 int BudgetVerkaufsfoerderung;
0031 // ...
0032 public:
0033 int UmsatzErmitteln(int quartal);
0034 // ...
0035 };
```

Programm 73: Mehrfachvererbung

Basisklasse in unserem Beispiel ist die Klasse Mitarbeiter. Hier sind die Klassenattribute und die Elementfunktionen enthalten, die für sämtliche Mitarbeiter der betrachteten Organisation zutreffen. Dazu gehört beispielsweise ein Attribut wie die Betriebszugehörigkeitsdauer oder ein Vorgang wie die monatliche Bezahlung. Diese Dinge gelten gleichermaßen auch für Manager und Verkäufer. Ergo erben diese Klassen von der Basisklasse. Für die beiden neuen Klassen als Stellvertreter für die durch sie repräsentierten Personen bedarf es aber noch zusätzlicher Merkmale: der Manager hat bspw. Personalverantwortung für eine bestimmte Anzahl von Mitarbeitern. Der Verkäufer ist für ein gewisses Umsatzvolumen verantwortlich. Auf der funktionalen Seite muss der Manager Mitarbeitergespräche führen und der Verkäufer möchte seine Provision ermittelt haben. Das sind Eigenschaften, die in den abgeleiteten Klassen Manager und Verkaeufer additiv zu den von der Klasse Mitarbeiter geerbten Attributen und Funktionen hinzukommen, denn selbstverständlich wollen Manager und Verkäufer auch die monatliche Gehaltsüberweisung und beide sind auch durch ein bestimmtes Dienstalter gekennzeichnet.

Ein noch speziellerer Mitarbeitertyp, der Verkaufsmanager, vereinigt in sich nun die Eigenschaften eines Managers und die eines Verkaeufers. So gesehen ist es also nur konsequent, wenn die Klasse `Verkaufsmanager` von den beiden Klassen `Manager` und `Verkaeufer` abgeleitet wird! Hinzu kommen möglicherweise noch einige spezielle Eigenschaften, die der allgemeine Manager und der Verkäufer noch nicht besitzen. In unserem Beispiel sind das ein bestimmtes Budget, über das der Verkaufsmanager zur Investition in Verkaufsförderungsmaßnahmen verfügen kann, sowie die Funktion zur Ermittlung des Quartalsumsatzes.

In unserem Beispiel haben wir für alle Ableitungen `public` gewählt. Warum? Nun, das bedeutet - wir erinnern uns - dass die öffentlichen Elementfunktionen einer Basisklasse jeweils auch im Zusammenhang mit Objekten der Ableitung verwendbar sind. Und das macht in der Tat Sinn: denn so kann jetzt beispielsweise der Verkaufsmanager die monatliche Gehaltsanweisung erfahren (Elementfunktion `Mitarbeiter::Gehaltsueberweisung()`), Mitarbeitergespräche führen (Elementfunktion `Manager::MitarbeiterGespräch()`) und seine Provision ermitteln (Elementfunktion `Verkaeufer::ProvisionErmitteln()`).

Die der Klassenhierarchie zugrundeliegende Idee ist also folgende: begonnen wird mit einer sehr allgemeinen Klasse (in unserem Fall, dem noch sehr unspezifischen `Mitarbeiter`). Mit Hilfe der Vererbung wird auf Vorhandenem aufgebaut und den abgeleiteten Klassen (`Manager` und `Verkaeufer`) wird durch Hinzufügen von neuen Eigenschaften eine eigene Charakteristik verliehen.

Nach den bisherigen Ausführungen ist klar, dass die Klasse `Verkaufsmanager` alle Eigenschften der Klasse `Manager` und alle Eigenschaften der Klasse `Verkaeufer` via Vererbung mitbekommt. Hier trifft unsere Abbildung der Wirklichkeit die Realität wohl nicht ganz: ist der Verkaufsmanager nämlich kein aktiver Verkäufer, sondern eben eine Führungskraft, die Vertriebsmitarbeiter lenkt und koordiniert, so hat der Verkaufsmanager in unserem Beispiel möglicherweise vom Verkäufer zuviel geerbt! Hier hätten wir Bedarf an einer selektiven Vererbung, die von C++ aber nicht unterstützt wird.

6.3   Die wiederholte Vererbung

Beim aufmerksamen Leser mag unser Beispiel vielleicht schon folgende Frage aufgeworfen haben: besitzt die Klasse Verkaufsmanager nicht zwei Mitarbeiter-Objekte und damit die Attribute der Klasse Mitarbeiter zweimal? In der Tat, wir haben es bei der Klasse Verkaufsmanager, so wie sie bisher implementiert wurde, auch mit einem Beispiel für die *wiederholte Vererbung* zu tun! Ein Objekt der Klasse Verkaufsmanager besitzt das Attribut "Dienstalter" zweimal. Die wiederholte Vererbung kann also aus der Mehrfachvererbung resultieren, nämlich genau dann, wenn eine Unterklasse (hier die Klasse Verkaufsmanager) Eigenschaften von einer indirekten Oberklasse (hier die Klasse Mitarbeiter) auf unterschiedlichen Wegen erbt.

Stört diese wiederholte Vererbung von Attributen? Nun, das kommt auf den Einzelfall an: ist die wiederholte Vererbung geplant, dann ist zunächst alles in Ordnung. Ist sie jedoch ungewollt, so ist sie bedenklich, denn potentiell kann dieser Sachverhalt eine Fehlerquelle darstellen, wenn nicht per Konvention geregelt wird, welches der identisch vorhandenen zwei Objekte mit seinen Attributen nun zu nutzen ist (Manager::Mitarbeiter oder Verkaeufer::Mitarbeiter). Ob gewollt oder ungewollt: die wiederholte Vererbung hat auf alle Fälle einen Preis, man bezahlt nämlich mit Speicherplatz und Laufzeit! Beim Kreieren eines Objekts vom Typ Verkaufsmanager werden nämlich zwei Aufrufe des Mitarbeiter-Konstruktors die Folge sein.

Wenn die mehrfache Vererbung ungewollt ist, so kann sie auch unterbunden werden, indem wir eine *virtuelle Ableitung* (*virtuelle Vererbung*) realisieren.

6.4 Virtuelle Basisklassen und virtuelle Vererbung

Die virtuelle Vererbung dient also der Vermeidung der (ungewollten) wiederholten Vererbung. Unser Beispiel "Mehrfachvererbung" von oben bedarf nur einer winzigen Änderung, um zu vermeiden, dass die Attribute von Mitarbeiter mehrfach (nämlich zweimal) in den Objekten der Klasse Verkaufsmanager vorkommen: wir müssen die Klassen Manager und Verkaeufer *virtual* ableiten, oder, eine andere Sprechweise, die Klasse Mitarbeiter als virtuelle Basisklasse nutzen.

```
0008
0009 class Manager: public virtual Mitarbeiter
0010 {
0011 int AnzahlMitarbeiter;
0012 // ...
0013 public:
0014 void MAGespraech(Mitarbeiter kollege);
0015 // ...
0016 };
0017
0018 class Verkaeufer: public virtual Mitarbeiter
0019 {
0020 int Umsatzziel;
0021 // ...
0022 public:
0023 void ProvisionErmitteln(int quartal);
0024 // ...
0025 };
0026
```

Programm 74: Die virtuelle Vererbung

Wird jetzt von den Klassen Manager und Verkaeufer eine Mehrfachvererbung Verkaufsmanager erzeugt, so besitzen Objekte dieser Klasse das von der Klasse Mitarbeiter stammende Attribut "Dienstalter" nur ein einziges Mal, und nicht wie oben, zweimal. Gleichgültig, wie oft

eine virtuelle Basisklasse in einer Vererbungshierarchie vorkommt, es wird
jeweils nur ein Objekt von dieser virtuellen Basisklasse erzeugt. Der Einsatz der von einer virtuellen Basisklasse abgeleiteten Klassen und ihrer
Objekte bleibt unverändert.

Im folgenden Beispiel wurde das oben gezeigte Programm-Gerüst rund um
die virtuelle Vererbung erweitert zu einer simplen Verkaufssimulation.
Neben dem soeben neu vorgestellten Sprachmittel der virtuellen Vererbung beinhaltet das Beispiel ausschließlich Dinge, die wir in den vorhergehenden Folgen besprochen haben. Aus diesem Grund sollte das Beispiel
ohne weitere Kommentierung lesbar sein. Einige Anmerkungen wollen wir
aber trotzdem machen. Bei diesem Beispiel wurde auf eine Modularisierung, wie sie in einer der vorhergehenden Folgen empfohlen wurde, verzichtet. Der geneigte Leser mag diese Modularisierung selbst vornehmen.
Hält er sich an die oben erwähnte Modularisierungsempfehlung, so wird er
zehn Modulen erhalten: zwei für die Klasse `Mitarbeiter`, zwei für die
Klasse `Verkaeufer`, zwei für die Klasse `Manager`, zwei für die Klasse
`Verkaufsmanager` und zwei für das Hauptprogramm.

Beachtenswert sind die Zeilen 78 und 79 im Konstruktor `Verkaufsma-`
`nager()`. Wir haben es hier wieder mit einer Elementinitialisierungsliste
zu tun: zwischen Funktionskopf und Funktionsrumpf stehen die expliziten
Basiskonstruktoraufrufe für die beiden Basisklassen der Klasse `Ver-`
`kaufsmanager`. Wir erinnern uns noch, dass dies notwendig ist, weil für
den Compiler sonst nicht erkennbar ist, mit welchen Parametern die
Basisklassenkonstruktoren zu versorgen sind.

```
0001
0002 #include <iostream.h>
0003 #include <string.h>
0004 #include <stdlib.h>
0005 #include <time.h>
0006
0007 class Mitarbeiter
0008 {
0009    char nname[20];
0010    char vname[20];
0011    int Gehalt;
0012    int Konto;
0013    int Dienstalter;
```

```
0014 public:
0015    void SetNname(char * Nachname)
0016         {strcpy(nname, Nachname);};
0017    void SetVname(char * Vorname)
0018         {strcpy(vname, Vorname);};
0019    void SetGehalt(int Gehalt)
0020         {this->Gehalt = Gehalt;};
0021    void SetDienstalter(int Dienstalter)
0022         {this->Dienstalter = Dienstalter;};
0023    // ...
0024    int  GetDienstalter(void)
0025         {return Dienstalter;};
0026    void MehrGehalt(int mehr)
0027         {Gehalt += mehr;};
0028    void Gehaltsueberweisung(int monat)
0029         {Konto = Gehalt;};
0030 };
0031
0032
0033 class Verkaeufer: public virtual Mitarbeiter
0034 {
0035    long Umsatzziel;
0036    long IstUmsatz;
0037 public:
0038    Verkaeufer(long Zielumsatz = 100000)
0039         {Umsatzziel = Zielumsatz;
0040          IstUmsatz  = 0;}
0041    void SetUmsatzziel(long sollumsatz)
0042         {Umsatzziel = sollumsatz;};
0043    long GetSollUmsatz(void)
0044         {return Umsatzziel;};
0045    long GetIstUmsatz(void)
0046         {return IstUmsatz;};
0047    long ProvisionErmitteln(void)
0048         {return IstUmsatz / 100 + 5;};
0049    void VerkaufsAbschl(long umsatz)
0050         {IstUmsatz += umsatz;};
0051
0052 };
0053
0054 class Manager: public virtual Mitarbeiter
```

```
0055 {
0056    int AnzahlMitarbeiter;
0057 public:
0058    Manager (int MitarbeiterAnzahl = 10)
0059        {AnzahlMitarbeiter = MitarbeiterAnzahl;};
0060    void SetAnzahlMitarbeiter(int Anzahl)
0061        {AnzahlMitarbeiter = Anzahl;};
0062    int  GetAnzahlMA(void)
0063        {return AnzahlMitarbeiter;};
0064    void MAGespraech(Mitarbeiter Kollege, int mehr)
0065        {Kollege.MehrGehalt(mehr);
0066         Kollege.SetDienstalter(GetDienstalter() + 1);};
0067
0068 };
0069
0070
0071 class VerkaufsMgr: public Verkaeufer,
0072                    public Manager
0073 {
0074    int BudgetVerkaufsfoerderung;
0075    Verkaeufer * p_verkaeufer;
0076 public:
0077    VerkaufsMgr(long Zielumsatz, int Mitarbeiteranzahl):
0078                    Verkaeufer(Zielumsatz),
0079                    Manager(Mitarbeiteranzahl)
0080        {p_verkaeufer = new Verkaeufer [GetAnzahlMA()];};
0081    ~VerkaufsMgr(void)
0082        {delete [] p_verkaeufer;};
0083    void SetBudget(int Budget)
0084        {BudgetVerkaufsfoerderung = Budget;};
0085    void MAEinstellen(int PersNr,
0086                    char *Nachname,
0087                    char *Vorname,
0088                    int Gehalt,
0089                    int Dienstalter,
0090                    long Zielumsatz)
0091        {p_verkaeufer[PersNr-1].SetNname(Nachname);
0092         p_verkaeufer[PersNr-1].SetVname(Vorname);
0093         p_verkaeufer[PersNr-1].SetGehalt(Gehalt);
0094         p_verkaeufer[PersNr-1].SetDienstalter(Dienstalter);
0095         p_verkaeufer[PersNr-1].SetUmsatzziel(Zielumsatz);};
```

```
0096    Verkaeufer & GetPersonal(int PersNr)
0097        {
0098        return p_verkaeufer[PersNr-1];
0099        }
0100    long UmsatzErmitteln(void)
0101        {long Gesamtumsatz = 0;
0102        int i;
0103        i = GetAnzahlMA();
0104        for (i = 0; i < GetAnzahlMA(); i++) //not expanded inline
0105            {Gesamtumsatz += p_verkaeufer[i].GetIstUmsatz();}
0106        return Gesamtumsatz;};
0107    void MAGespraech(Verkaeufer Kollege,int mehrgeld,long ziel)
0108        {Kollege.MehrGehalt(mehrgeld);
0109         Kollege.SetDienstalter(GetDienstalter() + 1);};
0110    void Marketing(int ausgaben)
0111        {BudgetVerkaufsfoerderung -= ausgaben;};
0112 };
0113
0114 main(void)
0115 {
0116     enum Team {Susan = 1, Otto, Lory};
0117
0118 VerkaufsMgr Mueller(500000,3); // Mueller hat 500TDM Umsatzvorg.
0119                               // und 3 Verkaufsmitarbeiter
0120
0121 Mueller.MAEinstellen(1,"Susan","Cool",5000,2,120000);
0122 Mueller.MAEinstellen(2,"Otto","Checker",6000,4,180000);
0123 Mueller.MAEinstellen(3,"Lory","Bordeau",8000,6,200000);
0124
0125 cout << Mueller.UmsatzErmitteln() << '\n' ; // bisher noch keine
0126                                             // Verkaufsaktivitdten
0127
0128 // Verkaufssimulation
0129 srand(time(0)); // fuer echte Random-Zahlen (nicht nur pseudo)
0130 while (Mueller.UmsatzErmitteln() < 500000)
0131     {
0132         Mueller.GetPersonal(Susan).VerkaufsAbschl(rand() % 10000);
0133         Mueller.GetPersonal(Otto).VerkaufsAbschl(rand() % 10000);
0134         Mueller.GetPersonal(Lory).VerkaufsAbschl(rand() % 10000);
0135     }
0136
```

```
0137 cout << "Umsatzzeil erreicht: "
0137      << Mueller.UmsatzErmitteln() << '\n' ;
0138
0139 cout << "Susan hat folgenden Umsatz: DM "
0140      << Mueller.GetPersonal(Susan).GetIstUmsatz() << '\n';
0141 cout << "Susans Sollumsatz war: "
0142      << Mueller.GetPersonal(Susan).GetSollUmsatz() << '\n';
0143
0144 cout << "Otto  hat folgenden Umsatz: DM "
0145      << Mueller.GetPersonal(Otto).GetIstUmsatz() << '\n';
0146 cout << "Charlies Sollumsatz war: "
0147      << Mueller.GetPersonal(Otto).GetSollUmsatz() << '\n';
0148
0149 cout << "Lory hat folgenden Umsatz: DM "
0150      << Mueller.GetPersonal(Lory).GetIstUmsatz() << '\n';
0151 cout << "Lorys Sollumsatz war: "
0152      << Mueller.GetPersonal(Lory).GetSollUmsatz() << '\n';
0153
0154 return (0);
0155 }
```

Programm 75: Die virtuelle Basisklasse *Mitarbeiter*

6.5 Abstract, deferred, pure class und pure virtual functions

Nun, da wir schon sehr viel über Klassen und Vererbung wissen, wollen wir uns den weiter oben zwar schon erwähnten, aber noch nicht ausführlich dargestellten abstrakten Klassen nochmals widmen. Weiter oben haben wir festgestellt, dass es eine Ähnlichkeiten zwischen Klassen dergestalt geben kann, dass zwei Klassen in mehr oder weniger großen Teilen zwar übereinstimmen, aber trotzdem keine Klasse ein Spezialfall der anderen ist, da beide Klassen eine unterschiedliche Semantik besitzen. Um solche Ähnlichkeiten umzusetzen, stellt C++ *abstrakte Klassen* zur Verfügung

Eine abstrakte Klasse ist eine bewußt unvollständige Oberklasse, in der eine oder mehrere Methodenimplementierungen fehlen. Die fehlenden Methodenrümpfe werden erst in den Unterklassen definiert. Das bedeutet auch, dass von abstrakten Klassen keine Objekte erzeugt werden können. Man sagt auch, die "Instantiierung" von abstrakten Klassen ist nicht möglich. Sinn und Zweck von abstrakten Klassen ist also ausschließlich ihre Verwendung als Basisklasse. Pure virtuelle Funktionen enthalten als Hinweis auf ihre Besonderheit statt des Methodenrumpfes den Zusatz "= 0". Das folgende Beispiel zeigt die Definition einer abstrakten Basisklasse:

```
class PureClass
    {
        //
    public:
        //
        virtual void ErrHand(char *) = 0; // pure Funktion
        //
    };
```

Der Name einer abstrakten Klasse darf weder als Typangabe bei der Deklaration eines Arguments noch eines Rückgabewertes einer Funktion verwendet werden. Wie oben schon erwähnt, darf der Klassenname auch nicht dazu verwendet werden, um normale Objekte zu definieren.

Abstrakte Klassen und pure Funktionen kommen in der Praxis immer dann vor, wenn eine Basisklasse schon gewisse Funktionskategorien zur Verfügung stellen soll, die eigentlichen Funktionen aber noch nicht implementieren kann, weil die Funktionsdetails abhängen vom konkreten Objekt, das als Methodenempfänger auftritt. Da ein solches konkretes Objekt selbst aber noch nicht bekannt ist, weil es die Instanz einer von der Basisklasse abgeleiteten Klasse ist, lassen sich die Funktionsdetails auch nicht ausprogrammieren. Solche Funktionen lassen sich erst implementieren, wenn die Ableitung, zu der die Funktion gehört, definiert wird.

Dazu ein Beispiel: Stellen Sie sich vor, ein objektorientiertes Zeichenprogramm soll die Fähigkeit besitzen graphische Figuren, wie zum Beispiel ein Kreissegment und einen Kreis, auf dem Bildschirm zu verschieben. Die beiden Klassen für die Figuren Kreis und Kreissegment können von einer Basisklasse Punkt abgeleitet werden. Insgesamt lassen sich die drei Klassen wie folgt skizzieren:

```
0006
0007 enum Boolean {false, true};
0008
0009 class Point
0010 {
0011     int X;
0012     int Y;
0013     Boolean Visible;
0014 public:
0015     Point(int InitX, int InitY);
0016
0017     virtual void Show() = 0; //pure Funktion
0018     virtual void Hide() = 0; //pure Funktion
0019     void MoveTo(int NewX, int NewY);
0020     // ...
0021 };
0022
0023 class Circle : public Point
0024 {
0025     int Radius;
0026 public:
0027     Circle(int InitX, int InitY, int InitRadius);
0028     void Show();
0029     void Hide();
0030     // ..
0031 };
0032
0033 class Arc : public Circle
0034 {
0035     int StartAngle;
0036     int EndAngle;
0037 public:
0038     Arc(int InitX, int InitY, int InitRadius,
0039          int InitStartAngle, int InitEndAngle)
0040     : Circle (InitX, InitY, InitRadius)
0041     { StartAngle = InitStartAngle;
0042       EndAngle = InitEndAngle;
0043     }
0044     void Show();
0045     void Hide();
```

```
0046 };
0047
```

Programm 76: Pure virtuelle Funktionen

Durchleuchten wir kurz die durch die drei Klassendeklarationen gegebene Situation. Die Ableitungshierarchie ist unschwer zu erkennen: die Klasse Point (repräsentiert einen Punkt) ist Basisklasse, davon abgeleitet ist die Klasse Circle (repräsentiert einen Kreis) und davon wieder abgeleitet ist die Klasse Arc (repräsentiert ein Kreissegment). Die Idee für die Ableitungshierarchie ist folgende: der Punkt (die Klasse Point) ist etwas ganz allgemeines und bietet im Wesentlichen eine X- und eine Y-Koordinate (Zeilen 0011 und 0012). Diese Attribute braucht der Kreis auch, für die Positionierung seines Mittelpunktes. Also leiten wir die Klasse Circle von der Klasse Point ab. Was ein Kreis noch zusätzlich benötigt, ist die Spezifikation seines Radius - genau dies ist das zu den von Point geerbten Attributen neu hinzukommende (Zeile 0025). Ein Kreissegment (die Klasse Arc) ist eine weitere Spezialisierung eines Kreises: wird der Kreis hinreichend durch seine Attribute X, Y und Radius beschrieben, so brauchen wir für die Darstellung eines Kreisbogens noch einen Startwinkel und einen Endwinkel (Zeilen 0035 und 0036). Soviel zu den Datenattributen.

Bei den Elementfunktionen fällt auf, dass die Basisklasse Point zwei pure virtuelle Funktionen einführt, nämlich Show() und Hide() (Zeilen 0017 und 0018). Mit Hilfe der Elementfunktion Show() sollen sich alle Objekte von Klassen, die von der Klasse Point abgeleitet sind, am Bildschirm darstellen. Mit der Elementfunktion Hide() löschen sich die Objekte bei Bedarf wieder vom Bildschirm. Die dritte Elementfunktion MoveTo() von Point ist wieder eine normale Elementfunktion. Was wir der Ableitungshierarchie oben nicht ansehen, ist im Bild unten dargestellt: MoveTo() basiert nur auf den beiden puren Funktionen Hide() und Show() (Zeilen 0078 und 0082).

```
0076 void Point::MoveTo(int NewX, int NewY)
0077 {
0078     Hide();
0079
0080     X = NewX; // die X- und Y-Koordinaten
0081     Y = NewY; // neu belegen
```

```
0082    Show();
0083 }
```

Da Show() und Hide() pure Funktionen sind, können von der Klasse
Point keine Objekte erzeugt werden. Warum aber sind nun die beiden
Funktionen pur, d. h. der Funktionsrumpf nicht implementiert? Nun, die
Klasse Punkt will hier einen Satz von Elementfunktionen anbieten, der al-
len Ableitungen zur Verfügung steht.

Dabei tritt folgendes Phänomen auf: wie der Algorithmus oder die zur
Darstellung der abgeleiteten Objekte notwendigen Funktionen für das An-
zeigen (Show()) und Löschen (Hide()) der noch unbekannten Objekte
aussieht, kann die Basisklasse Point nicht wissen. Das leuchtet unmittelbar
ein: einen Kreis zu zeichenen verlangt i. d. R. nach einer anderen Graphikfunktion (z. B. circle(X, Y, Radius)) wie für das Zeichnen eines
Kreissegments (z. B. arc(X, Y, StartAngle, EndAngle, Radius). Ganz anders sieht es bei der dritten Elementfunktion MoveTo()
(Zeile 0019) der Klasse Point aus. Diese Elementfunktion dient der Be-
wegung einer Figur von einer Stelle auf dem Bildschirm zu einer anderen.
Die Basisklasse Point weiß zwar nicht wie Show() und Hide() zu realisieren, es steht aber fest, dass sich das Bewegen dadurch realisieren
läßt, in dem die Figur auf dem Bildschirm gelöscht wird (mit Hide(),
Zeile 0078), dann die Koordinaten neu besetzt werden (Zeilen 0080 und
0081) und anschließend die Figur wieder angezeigt wird (mit Show(),
Zeile 0082). Diese universelle Funktion MoveTo() wird nun von der Basisklasse Point zur Verfügung gestellt und von den Klassen Circle und Arc
geerbt. Damit nun die Ableitungen die Elementfunktion MoveTo() auch
nutzen können, müssen sie jeweils klassenspezifische Implementierungen
der in der Basisklasse puren virtuellen Funktionen Show() and Hide()
zur Verfügung stellen. Die Funktion Show() für den Kreis kann dann
beispielsweise so aussehen:

```
0093
0094 void Circle::Show()
0095 {
0096    Visible = true;
0097
0098    // Kreis zeichnen
0099    circle(X, Y, Radius);
0100 }
```

```
0101
```

Anders sieht die Funktion Show ( ) für die Klasse Arc aus:

```
0122
0123 void Arc::Show()
0124 {
0125    Visible = true;
0126
0127    // Kreisbogen Zeichnen
0128    arc(X, Y, StartAngle, EndAngle, Radius);
0129 }
0130
```

Interessant: die Elementfunktion MoveTo() haben wir nur ein einziges Mal implementiert (in der Basisklasse Point, Zeilen 0076 bis 0083) und nutzen sie via Vererbung für alle Objekte von Ableitungen: in der Zeile 0154 für das Arc-Objekt AnArc und in der Zeile 0159 für das Circle-Objekt ACircle!

```
0144
0145 int main()
0146 {
0147    //...
0148    //...
0149    Circle ACircle(151, 82, 50);
0150    Arc AnArc(151, 82, 25, 0, 190);
0151
0152    AnArc.Show();
0153    getch();
0154    AnArc.MoveTo(100,100); // dieses MoveTo() verwendet Show()
0155    getch();               // und Hide() der Klasse Arc
0156
0157    ACircle.Show();
0158    getch();
0159    ACircle.MoveTo(250,180); // dieses MoveTo() verwendet Show()
0160    getch();                 // und Hide() der Klasse Circle
0161
0162    //...
```

```
0163     return 0;
0164 }
0165
```

Die Betrachtung der abstrakten Klassen hat uns weit in das Terrain der virtuellen Funktionen geführt. Wir wollen an dieser Stelle innehalten und uns mit einer Erscheinung auseinandersetzen, die uns jetzt bei der Betrachtung der abstrakten Klassen begegnet ist, die wir aber nicht benannt haben: die Rede ist vom Polymorphismus. Nach der Betrachtung des Polymorphismus werden wir nochmals auf die virtuellen Funktionen zurückkommen, denn die haben wir noch nicht vollständig durchleuchtet[1]. Um virtuelle Funktionen abschließend zu diskutieren, müssen wir mehr über den Polymorphismus wissen.

---

[1] Die "late-binding"-Eigenschaft der virtuellen Funktionen müssen wir später noch betrachten!

7 Polymorphismus

7.1 Early-Binding-Polymorphismus

Die Begriffskombination "Early-Binding-Polymorphismus" hört sich geheimnisvoll an. Was verbirgt sich dahinter? Das Adjektiv "Early Binding" können wir zunächst mal überlesen; wir kommen in ein oder zwei Absätzen darauf zurück. "Polymorphismus" aus dem Griechischen und bedeutet soviel wie "Vielgestalt". Was sich technisch bezüglich der Sprache C++ dahinter verbirgt, ist nicht schwierig zu verstehen: unser letztes Beispiel ware geradezu ein Paradeexemplar eines Polymorphismusbeispiels! Die Funktionen Show() und Hide() waren nämlich polymorphe Elementfunktionen. Denn unter Polymorphismus versteht man die Bindung eines **Methodennamens** (*Botschaft, Selektor*) an einen konkreten **Methodenrumpf** in Abhängigkeit vom Kontext. Genau das ist bei den Elementfunktionen Show() und Hide() der Fall! Im oben dargestellten Hauptprogramm bezeichnet der Methodenname Show() in der Zeile 0152 die Elementfunktion Show() der Klasse Arc und in der Zeile 0157 die Elementfunktion Show() der Klasse Circle. Die Klassenobjekte der zwei verschiedenen Typen Arc und Circle reagieren auf ein- und dieselbe Botschaft mit der Ausführung inhaltlich unterschiedlicher Elementfunktionen. Der Polymorphismus ermöglicht es uns also, gleichartige (aber im Detail verschiedene; siehe Definitionen von Show() ab den Zeilen 0094 bzw. 0123) Elementfunktionen mit gleichen Namen zu belegen. Im Sinne der Abstraktion bietet uns das wesentliche Vorteile: wo immer sinnvoll, können wir stets die gleichen Namen verwenden und müssen nicht neue, künstliche Namen für wesensgleiche Elementfunktionen erfinden.

7.2   Funktionsüberladung

Der Polymorphismus ist jedoch keineswegs nur in Verbindung mit Klassen und Elementfunktionen nutzbar! Auch für einfache C-Funktionen bringt der Polymorphismus Vorteile. Betrachten wir ein Beispiel, das C-Compiler nicht übersetzen würden, weil sie die Mehrfachverwendung von Funktionsnamen nicht erlauben, in C++ geht das aber problemlos:

```
0001
0002 #include <stream.h>
0003
0004 int pow(int,unsigned);
0005 float pow(float,unsigned);
0006 double pow(double,unsigned);
0007
0008 main()
0009 {
0010
0011 for (unsigned i = 0; i < 10; i++)
0012     cout << pow(2,i)
0013          << "\t"
0014          << pow(2.1,i)
0015          << "\t"
0016          << pow((double)2,i)
0017          << "\n";
0018 }
0019
0020
0021 int pow(int x, unsigned n)
0022     {
0023     switch (n)
0024         {
0025         case 0: return 1;
0026         case 1: return x;
0027         default: return(x*pow(x,n-1));
0028         }
0029     }
0030
0031 double pow(double x, unsigned n)
```

```
0032    {
0033    switch (n)
0034        {
0035        case 0: return 1;
0036        case 1: return x;
0037        default: return(x*pow(x,n-1));
0038        }
0039    }
0040
0041 float pow(float x, unsigned n)
0042    {
0043    switch (n)
0044        {
0045        case 0: return 1;
0046        case 1: return x;
0047        default: return(x*pow(x,n-1));
0048        }
0049    }
0050
0051
```

Programm 77: Funktionsüberladung

Die drei Prototypen in den Zeilen 0004 bis 0006 besitzen alle den gleichen Namen: pow(). Diese Technik wird als *Funktionsüberladung (function overloading)* bezeichnet. Die Idee, alle drei Potenzierungsfunktionen gleich zu benennen, liegt auf der Hand: der Algorithmus ist in allen Fällen der gleiche, es unterscheiden sich nur die Typen der dabei verwendeten Daten. Welche Funktion ist aber nun beim Aufruf zu benutzen, wenn es doch mehrere gleichnamige Funktionen gibt? Die Lösung liegt in den Funktionsköpfen: dort ist zu erkennen, dass die Funktionen unterschiedliche Parameter- und Returnwert-Typen besitzen. Solange gleichnamige Funktionen sich im Typ des Returnwerts und/oder hinsichtlich Anzahl und Typen bei den formalen Parametern unterscheiden (diese Merkmale einer Funktion bezeichnet man zusammengefasst als *Signatur der Funktion*) machen gleiche Funktionsnamen keine Schwierigkeiten: der Compiler (und natürlich auch der menschliche Leser) erkennt an der Aufrufstelle (Zeilen 0012, 0014 und 0016) anhand des Zuweisungsziels und/oder der Liste der aktuellen Parameter, welche der gleichnamigen Funktion zu verwenden ist. Nachdem hier also schon der Compiler erkennt, welche Funktion an der Aufrufstelle gemeint ist, spricht man hier von einem *Early-Binding-Polymorphismus* oder von *früher Bindung* des Funktionsnamens an einen Funktionsrumpf. Wir werden später noch sehen, dass es auch einen *Late-Binding-Polymorphismus* gibt: in solchen Fällen, kann der Compiler während der Übersetzungszeit noch keine Zuordnung eines Funktionsrumpfes an einen Funktionsnamen vornehmen. Diese Zuordnung erfolgt bei dieser sogenannten *späten Bindung* erst zur Laufzeit des Programms.

Der Vorteil der Funktionsüberladung liegt darin, dass wir nun für strukturell gleichartige Algorithmen stets den gleichen Namen verwenden können.

Betrachten wir abschließend noch zwei Beispiele, die zeigen, dass Funktionsüberladung mit Bedacht genutzt werden möchte. Im folgenden Beispiel sind die Definitionen der polymorphen Funktion print() in Ordnung. Aber der Compiler würde in Zeile 0030 eine Fehlermeldung bringen, die von einer Mehrdeutigkeit berichtet. Die Ursache: für einen int-Parameter ist die Funktion print() nicht definiert. In solchen Fällen versucht der Compiler eine Konvertierung. In unserem Beispiel wäre eine Konvertierung möglich nach float oder auch nach double. Für beide Parametertypen haben wir eine print()-Funktion definiert und der Compiler kann nun nicht entscheiden, welche Funktion zu verwenden ist.

```
0001
0002 #include <stdio.h>
0003
0004 void print(double doublezahl)
0005 {
0006 printf("%lf",doublezahl);
0007 }
0008
0009 void print(float floatzahl)
0010 {
0011 printf("%f",floatzahl);
0012 }
0013
0014 void print(char *string)
0015 {
0016 printf("%s",string);
```

```
0017 }
0018
0019 void main(void)
0020 {
0021 float alpha = 2.222f;
0022 double beta = 3.333;
0023 char *EinString = "cplusplus";
0024
0025 print(alpha);
0026 print(" ");
0027 print(beta);
0028 print (" ");
0029 print(EinString);
0030 //  print(1);  "Ambiguity  between  'print(double)'  and
'print(float)'"
0031 }
0032
```

Programm 78: Funktionsüberladung und Mehrdeutigkeit (1)

Auch im folgenden Fall wird der Compiler eine Mehrdeutigkeit beim Aufruf der polymorphen Funktion xyz(29) feststellen:

```
void xyz(int alpha);
void xyz(int alpha, double probe = 9.99);
```

Der Aufruf

```
xyz(29);
```

wird vom Compiler als Fehler gemeldet, weil der Aufruf mehrdeutig ist. Welche der Funktionsdefinitionen ist gemeint: die mit tatsächlich nur einem Parameter oder die mit der Parametervorbesetzung? Solche Situationen sind natürlich zu meiden. Empfehlung: an dieser Stelle sollte man auf die Parametervorbesetzung verzichten.

7.3   Operatorüberladung

Im Beispeil oben haben wir es noch mit einem weiteren Fall von Überladung zu tun: der Operator << ist uns allen auch als bitorientierter "shift-left"-Operator ("bitweises nach links schieben") bekannt! Diese Bedeutung kann der Operator aber im Kontext der Zeilen 0012 bis 0017 (siehe Programm 35) nicht haben! Dieses Phänomen wird in C++ als *Operatorüberladung* bezeichnet (*operator overloading*). Also nicht nur Funktionsnamen lassen sich mehrfach verwenden, sondern auch Operatoren können mit verschiedenen Bedeutungen belegt werden. Notationell sieht die Definition der Operatorüberladung ähnlich aus wie die Definition einer Funktionsüberladung. Überladene Operatoren werden auch als **Operatorfunktionen** bezeichnet.

Was bedeutet Operatorüberladung nun genau? Können alle Operatoren überladen werden? Läßt sich einem Operator seine bisherige Bedeutung auch gänzlich nehmen? Läßt sich z. B. der Additionsoperator + für int-Zahlen in die Subtraktion für int-Zahlen verwandeln? Lassen sich auch neue Operatoren erfinden, z. B. für die Bildung der Quadratwurzel? Untersuchen wir diese Fragen der Reihe nach!

Sinn und Zweck der Operatorüberladung ist es, dem Programmierer eine Möglichkeit zu bieten, Operatorsymbole, die schon eine bestimmte Bedeutung haben, in einem verwandten Kontext mit vergleichbarer, analoger Bedeutung zu belegen. Genaugenommen wird der Additionsoperator "+" in C schon polymorph verwendet! Werden zwei int-Zahlen mit dem Operator + verknüpft, so laufen im Prozessor andere Operationen ab, wie bei der additiven Verknüpfung von zwei float-Zahlen. Im ersten Fall werden zwei ganze Zahlen i. d. R. mit einem Maschinenbefehl in einem Prozessorregister addiert, im zweiten Fall sind die Operationen komplexer: es sind jeweils Mantisse und Exponent der beteiligten Operanden zu behandeln. Die Unterstützung einer Gleitpunktbibliotheksroutine wird herangezogen oder die ganze Aufgabe wird einem arithmetischen Co-Prozessor übergeben. Trotz dieser unterschiedlichen Details erscheint es uns auf höherem Abstraktionsniveau sinnvoll und zweckmäßig, nur einen einzigen Operator zu verwenden. Würden wir uns mit Hilfe von Klassen komplexe Zahlen () einführen und Operationen auf den komplexen Zahlen definieren, wir wären gut beraten, für die Addition komplexer Zahlen wieder das Symbol "+" heranzuziehen. Um einen Operator für einen eigenen Datentyp zu redefinieren, werden, wie oben erwähnt, Operatorfunktionen eingesetzt.

Der Name der Operatorfunktion setzt sich zusammen aus dem Schlüsselwort `operator`, gefolgt von dem zu redefinierenden Operator (Zeilen
10 und 18):

```
0001
0002 #include <iostream.h>
0003
0004 struct complex
0005      {
0006     float real;
0007     float imag;
0008      };
0009
0010     complex    operator+(complex    op1,    complex    op2)
//Operatorfunktion +
0011 {
0012    complex result;
0013 result.real = op1.real + op2.real;
0014 result.imag = op1.imag + op2.imag;
0015 return result;
0016 }
0017
0018     ostream&    operator<<(ostream&    out,complex    op)
//Operatorfunktion <<
0019 {
0020 out << "(" << op.real << "," << op.imag << ")" << '\n' ;
0021 return out;
0022 }
0023
```

Bild 79: Eine Überladung der Operatoren "+" (Zeile 10) und "<<" (Zeile
18)

Es lassen sich nicht alle Opertoren überladen; die meisten lassen sich jedoch redefinieren. Die wenigen, die nicht überladen werden können, sind
die folgenden:

Selektionsoperator	.
direkte Dereferenzierung	.*

Scope-Operator	::
konditionaler Operator	?:
Präprozessor-Operatoren	# und ##

Bild 80: Operatoren, die nicht überladen werden können

Für einige wenige weitere Operatoren besteht für das Überladen eine Einschränkung dahingehend, dass diese Operatoren zwar überladen werden dürfen, jedoch nur, wenn die redefinierende Operatorfunktion eine Klassenelementfunktion ist. Diese Forderung gilt für die folgenden Operatoren:

Zuweisungsoperator	=
Indexoperator	[ ]
Funktionsaufrufoperator	( )
Zeigeroperator	->

Bild 81: Operatoren, die nur von Elementfunktionen überladen werden können

Für alle anderen Operatoren läßt sich die Bedeutung ändern - nicht jedoch Priorität, Assoziativität und die Stelligkeit (Anzahl der Parameter)!

Führen wir für unsere komplexen Zahlen noch eine Multiplikation ein, dann können wir Ausdrücke mit "+" und "*" formulieren und haben, dank der oben formulierten Aussage, die Gewähr, dass die Abarbeitungsreihenfolge des Ausdrucks mathematisch korrekt sein wird (Siehe Zeile 44):

```
0023
0024 complex operator*(complex op1, complex op2)
0025 {
0026    complex result;
0027    result.real = op1.real * op2.real - op1.imag * op2.imag;
0028    result.imag = op1.real * op2.imag + op2.real * op1.imag;
0029    return result;
0030 }
0031
```

```
0032 //...
0033
0034 void main(void)
0035 {
0036    complex c1 = {0,1};
0037    complex c2 = c1;
0038    complex c3;
0039
0040 cout << c1;
0041 cout << c2;
0042 cout << c1 * c2;
0043
0044 c3 = c1 + c1 * c2; // Operatorpriorität spielt eine Rolle
0045
0046 cout << c3;
0047
0048 }
0049
```

Bild 82: Die Operatorpriorität bleibt erhalten

Zusätzliche **neue Operatoren** können **nicht** eingeführt werden, weder für die Standard-Datentypen, noch für selbst definierte Klassen. Überladen werden können also nur die vordefinierten C++ Operatoren (wobei es Ausnahmen gibt, siehe Bild oben), ohne dass deren vordefinierte Bedeutung für die Standard-Datentypen (int, float, etc.) erweitert, eingeschränkt oder aufgehoben werden kann. Um das zu gewährleisten, gilt die wichtige Einschränkung, dass zumindest ein Argument eines überladenen Operators ein zusammengesetzter Typ sein muss! Für unsere complex-Beispiele trifft das natürlich ausnahmslos zu.

7.3.1 Operatorfunktionen als Elementfunktionen von Klassen

Alle oben gezeigten Operatorfunktionen sind keine Elementfunktionen. Für Operator-Elementfunktionen geht die Forderung noch weiter: hier muss mindestens ein Parameter vom gleichen Typ wie die Klasse sein. Damit das auch gewährleistet ist, kann für zweistellige Operator-

Elementfunktionen nur **ein** formaler Parameter spezifiziert werden! Betrachten wir hierfür ein realistisches Beispiel. Gehen wir davon aus, dass wir für den Vergleich auf Identität zweier Objekte einer String-Klasse den Operator "==" nutzen wollen. Die Klassendeklaration und die dazugehörigen Definitionen können dabei wie unten dargestellt aussehen:

```
0001
0002 #include <iostream.h>
0003 #include <string.h>
0004 #include <stdlib.h>
0005
0006 class String
0007 {
0008     char *char_ptr; // Zeiger auf den String-Inhalt
0009     int length;     // Laenge des Strings
0010 public:
0011     String(char *text);          // Konstruktor 1
0012     String(int size = 80);       // Konstruktor 2
0013     String(String& Other_String); // Copy-Initializer
0014     ~String();                   // Destruktor
0015         int String::operator==(String& St); // Operator-
Elementfunktion
0016     int Get_len (void);
0017     void Show (void);
0018 };
0019
0020 String::~String()
0021 {
0022     delete [] char_ptr;
0023 };
0024
0025 String::String (char *text)
0026 {
0027     length = strlen(text);  // Laenge des Textes ermitteln
0028     char_ptr = new char[length + 1];
0029     strcpy(char_ptr, text);
0030 };
0031
0032 String::String (int size)
0033 {
0034     length = size;
```

```
0035    char_ptr = new char[length+1];
0036    *char_ptr = '\0';
0037 };
0038
0039 String::String (String& Other_String)
0040 {
0041    length = Other_String.length;
0042    char_ptr = new char [length + 1];
0043    strcpy (char_ptr, Other_String.char_ptr);
0044 };
0045
0046 int String::Get_len(void)
0047 {
0048    return (length);
0049 };
0050
0051 void String::Show(void)
0052 {
0053    cout << char_ptr << '\n';
0054 };
0055
0056 int String::operator==(String& St)
0057 {
0058 return(strcmp(char_ptr,St.char_ptr) == 0); // 1 Gleichheit; 0
sonst
0059 }
0060
```

Programm 83: Eine Operator-Elementfunktion zur Überladung des Operators ==

Auffallend ist die Deklaration der Operator-Elementfunktion für "==" in Zeile 0015: in der Deklaration wird nur ein formaler Parameter erwähnt, obschon der Operator "==" ein zweistelliger Operator ist. Wie ist das zu verstehen? Nun, aus der Infixnotation eines Vergleichs zweier String-Objekte **EinName==NochEinName**   macht der Compiler den Methoden-Ausdruck **EinName.operator==(NochEinName)**. Mit anderen Worten: das linke Objekt (der linke Operand in der Infixnotation) ist der Methodenempfänger und taucht in der Liste der formalen Parameter bei der Deklaration nicht auf. Damit ist die oben formulierte Forderung, dass mindestens ein Parameter der Operator-Elementfunktion vom gleichen Typ wie die Klasse sein muss, erfüllt.

Der Vollständigkeit halber zeigen wir hier noch die Anwendung der String-Klasse. In der Zeile 0078 wird vom überladenen Operator == für den Objektvergleich Gebrauch gemacht.

```
0060
0061 int main(int argc, char *argv[])
0062 {
0063 String EinName = argv[1];      // laeuft ueber Konstruktor 1
0064 String NochEinName = argv[2]; // laeuft ueber Konstruktor 1
0065
0066 if (argc < 3)
0067    {
0068    EinName = "Corinna";      // laeuft ueber Konstruktor 1
0069    NochEinName = "Corinne"; // laeuft ueber Konstruktor 1
0070    }
0071
0072 EinName.Show();
0073 NochEinName.Show();
0074
0075 cout << EinName.Get_len() << '\n';
0076 cout << NochEinName.Get_len() << '\n';
0077
0078 if (EinName == NochEinName)
0079    cout << "\nBeide Namen sind identisch.\n";
0080 else
0081    cout << "\nBeide Namen sind verschieden.\n";
0082
0083 }
0084
```

Programm 84: Die Anwendung der String-Klasse

Noch ein Hinweis: dem aufmerksamen Leser wird nicht entgangen sein, dass wir bei der Deklaration der Klasse String den Zuweisungsoperator = nicht überladen haben - und trotzdem verwenden wir diesen Zuweisungsoperator, um einem String-Objekt eine Zeichenkette zuzuweisen (in den

Zeilen 0063, 0064 und 0068, 0069). Solche nicht definierten Zuweisungen[1] werden über einen passenden Konstruktor abgewickelt, falls ein solcher vorhanden ist. In unserem Fall paßt der Konstruktor 1 aus Zeile 0011. Wäre dieser Konstruktor nicht vorhanden, der Compiler würde an den oben genannten Stellen der Verwendung des Zuweisungsoperators jeweils einen Fehler melden.

7.4 Freund-Funktionen (friend functions)

Es gibt in C++ Situationen, in denen sich auf Grund syntaktischer Eigenheiten der Sprache Elementfunktionen für den Zugriff auf private Klassenelemente verbieten. Dies ist insbesondere der Fall, wenn die Elementfunktion einen Operator überlädt. Das Problem ist hierbei, dass binäre Element-Operatorfunktionen mit keinem oder mit maximal einem Parameter spezifiziert werden können[2], die Schnittstelle aber mit zwei Parametern spezifiziert werden müßte! In einem solchen Fall muss die Operator-Überladung als Nicht-Elementfunktion realisiert werden, weil hier die oben erwähnte Einschränkung hinsichtlich der Parameteranzahl nicht gilt.

Freundfunktionen sind allgemeine Funktionen (keine Methoden), denen es erlaubt ist, auch auf geschützte Attribute einer Klasse zuzugreifen. Welche Funktionen Freundfunktionen einer Klasse sind, wird in einer Klassendefinition festgelegt. Da Freundfunktionen eigentlich eine Notlösung für das oben beschriebene syntaktische C++-Problem sind und außerdem die Idee von der Klasse als Datenkapsel eklatant verletzen, sollten Freundfunktionen gemieden werden und ausschließlich dort zur Anwendung kommen, wo sich eine Lösung nicht anders darstellen läßt.

Im Folgenden sehen wir ein solches Beispiel, wo Freundfunktionen als "Nothelfer" benutzt werden müssen. Wir wollen die Operatoren >> ("Übernehmer") und << ("Übergeber") überladen, damit wir die Objekte einer von uns eingeführten Klasse mittels Übernehmer füllen, bzw. mittels

---

[1] Diese nicht definierten Zuweisungen sind nicht mit dem per default definierten Zuweisungsoperator für eine Klasse zu verwechseln: der default-Zuweisungsoperator für eine Klasse weist den Objektinhalt eines Objektes einem anderen Objekt elementweise zu. In unserem Beispiel oben steht aber auf der rechten Seite des Zuweisungsoperators = kein Objekt!

[2] Siehe: "Operatorfunktionen als Elementfunktionen von Klassen"

Übergeber ausgeben können. Dies gelingt uns nur durch die Definition von Freundfunktionen. Würden wir versuchen, die in den Zeilen 0028 und 0029 deklarierten Freundfunktionen als Elementfunktionen zu deklarieren, es würde uns nicht gelingen, da zweistellige Elementfunktionen nur einen Parameter spezifizieren dürfen (siehe weiter oben "Operatorfunktionen als Elementfunktionen von Klassen"). Wir wissen, dieser fehlende Parameter ist der Methodenempfänger und er muss vom Typ der Klasse sein, in der die Elementfunktion deklariert wird. Der Methodenempfänger ist in unserem Beispiel aber kein Objekt der Klasse "Personal", sondern ein Input- oder Outputstream!

```
0001
.... Datei: sources/7fiend.cpp
....
0023
0024 #include <iostream.h>
0025
0026 class Personal
0027 {
0028     friend istream& operator>> (istream&,Personal&);
0029     friend ostream& operator<< (ostream&,Personal&);
0030     char vorname[20];
0031     char nachname[20];
0032     int alter;
0033 };
0034
0035 istream& operator>> (istream& s,Personal& mitarbeiter)
0036 {
0037 s >> mitarbeiter.vorname
0038   >> mitarbeiter.nachname
0039   >> mitarbeiter.alter;
0040 return s;
0041 }
0042
0043
0044 ostream& operator<< (ostream& s,Personal& mitarbeiter)
```

```
0045 {

0046 s << mitarbeiter.vorname

0047    << " "

0048    << mitarbeiter.nachname

0049    << " "

0050    << mitarbeiter.alter;

0051 return s;

0052 }

0053

0054 main()

0055 {

0056    Personal kollege1;

0057

0058 cout << "Eingabe fuer kollege1\n";

0059 cin  >> kollege1;

0060 cout << "Ausgabe fuer kollege1\n";

0061 cout << kollege1;

0062 }

0063

0064
```

Programm 85: Eine Freund-Funktion

7.5 Late-Binding-Polymorphismus

Mit dem Polymorphismus haben wir uns ja schon intensiv beschäftigt: wir kennen zum Beispiel die Funktions-und Operatorüberladung als Beispiele für den Early-Bindung-Polymorphismus. Wir erinnern uns: wird eine Funktion in einer **Basisklasse** als **gewöhnliche Elementfunktion** definiert, so ist sie höchstens **statisch polymorph**; d.h., wird von der Basisklasse eine Ableitung gebildet und in dieser abgeleiteten Klasse die Funktion neu definiert, so handelt es sich um zwei verschiedene Funktionen. In der abgeleiteten Klasse wird der Funktionsname der Basisklasse überladen und wir haben es mit einem **'early-binding-Polymorphismus'** zu tun:

Anhand des Klassentyps kann der Compiler für jedes Klassenobjekt entscheiden, welche Elementfunktion (Methode) einem Funktionsnamen
(Botschaft) zuzuordnen ist.

Mit einer anderen Art von Überladung haben wir es bei den **virtuellen
Funktionen** zu tun. Virtuelle Funktionen sind ebenfalls Elementfunktionen. Sie werden jedoch in einer Basisklasse mit dem Schlüsselwort `vir-
tual` qualifiziert.

Erinnern Sie sich? Das Schlüsselwort virtual und virtuelle Funktionen sind
uns schon einmal begegnet! Im Kapitel "Abstrakte Klassen" haben wir bereits mit puren virtuellen Funktionen gearbeitet. Syntaktisch sind das
Funktionen, die in einer Basisklasse deklariert werden und einerseits mit
dem Schlüsselwort virtual gekennzeichnet sind und andererseits über noch
keinen Methodenrumpf verfügen, z. B.: virtual `void Show()` = 0. Moti-
viert haben wir die puren virtuellen Funktionen in dem oben genannten
Kapitel mit dem Wunsch, dass wir in einer Basisklasse schon gewisse
Funktionskategorien zur Verfügung stellen wollen, die eigentlichen Funktionen aber noch nicht implementieren können, weil die Funktionsdetails
abhängen vom konkreten Objekt, das als Methodenempfänger auftritt.
Wenn wir dann in einer Ableitung alle Details festlegen, sind wir auch in
der Lage, für die pure virtuelle Funktion einen Klassenrumpf zu implementieren.

Noch ein Effekt kennzeichnet virtuelle Funktionen! Egal, ob pur oder
nicht, die Zuordnung eines Funktionsrumpfes zu einem Funktionsnamen
nimmt nicht, wie sonst üblich, schon der Compiler zur Übersetzungszeit
vor. Das erfolgt erst zur Laufzeit, wenn eine Botschaft an ein konkretes
Objekt gesandt wird! Diese späte Bindung (von Funktionsrumpf an Funktionsnamen) wird auch als **Late-Binding-Polymorphismus** bezeichnet.

Was bringt uns das? Im Kapitel "Funktionsüberladung" haben wir erfahren, dass der Compiler (und natürlich auch der menschliche Leser) an der
Aufrufstelle anhand des Zuweisungsziels und/oder der Liste der aktuellen
Parameter erkennen kann, welche der gleichnamigen Elementfunktionen
zu verwenden ist. Nachdem hier also schon zur Übersetzungszeit der
Compiler weiß, welche Funktion an der Aufrufstelle gemeint ist, kann er
auch gleich den richtigen Funktionsrumpf an den Funktionsnamen binden.
Genau das wollen wir aber in bestimmten Fällen verhindern und verwenden dann das Schlüsselwort virtual bei der entsprechenden Funktionsde-

klaration in der Basisklasse. Warum möchte man die frühe Bindung verhindern? Stellen Sie sich bitte einmal folgendes vor: wir haben eine verkettete Listen, die aus Knoten unterschiedlicher Klassen bestehen, sagen wir Objekte der Klassen "Punkt", "Kreis" und "Kreissegment". Diese beiden Klassen sollen abgeleitet sein von der Klasse "Punkt". Wir haben also eine inhomogene Liste aus Objekten einer Basisklasse und aus Objekten von abgeleiteten Klassen. In allen unseren Klassen soll es außerdem die Elementfunktion "draw()" geben. Dass die drei polymorphen Elementfunktionen draw() inhaltlich verschieden sein müssen, liegt auf der Hand: einen Kreis zu zeichnen, verlangt i. d. R. nach einer anderen Graphikfunktion (z. B. `circle(X, Y, Radius)`) als wie für das Zeichnen einen Punktes oder eines Kreissegments (z. B. `arc(X, Y, StartAngle, EndAngle, Radius )`. Außerdem brauchen wir einen Zeiger vom Typ "Zeiger auf Basisklassenobjekt", weil ein solcher Zeiger auf ein Basisklassenobjekt und auch auf Objekte von Ableitungen zeigen kann. Dieser Zeiger soll zu verschiedenen Zeiten auf verschiedene Objekte unserer verketteten Liste zeigen. Und nun wollen wir z. B. die Botschaft draw() an das via Zeiger referenzierte Objekt senden. Im Programm bleibt uns nach der Positionierung des Zeigers nur die Möglichkeit folgendes zu notieren: "`Basisklassenzeiger->draw();`". Im Rahmen des Early-Binding-Polymorphismus würde der Compiler hier konsequenterweise die Funktion draw() der Klasse Punkt verwenden - und genau das ist nicht richtig! Auf welches Objekt unser Basisklassenzeiger zur Laufzeit zeigt, auf ein Objekt von der Klasse "Punkt" oder der Klasse Kreis oder der Klasse Kreissegment, kann der Compiler zur Übersetzungszeit nicht wissen. Die Auswertung der Typinformation des Zeigers an der Aufrufstelle würde hier also zur Bindung eines falschen Funktionsrumpfes führen. Wenn wir aber bei der Definition der Basisklasse "Punkt" deren Elementfunktion "draw()" als virtuell deklariert haben, unterläßt der Compiler die Bindung des Funktionsrumpfes und richtet das erzeugte Programm so ein, dass erst zur Laufzeit entschieden wird, welche Funktion "draw()" zu verwenden ist. Zur Laufzeit erfolgt die Auswahl dann aufgrund des Typs des tatsächlich referenzierten Objekts.

Nochmals auf den Punkt gebracht: wir werden in einer Basisklasse eine Funktion vf() als virtual definieren, wenn uns bekannt ist, dass **via Zeiger referenzierte Klassenobjekte** von abgeleiteten Klassen die Basisklassenfunktion vf() mit einer klasseneigenen Implementierung überladen soll. Virtualität für eine Elementfunktion ist dann angezeigt, wenn sich die Funktionalität der Elementfunktion in der Hierarchie ändern wird.

Durch die Virtualisierung von Elementfunktionen lassen sich i.d.R. darauf aufbauende Elementfunktionen dergestalt generalisieren, dass sie für verschiedene Objekttypen verwendet werden können, weil die geerbten Elementfunktionen eben dynamisch selektiert werden.

Nur Elementfunktionen können virtuelle Funktionen sein! Für objektunabhängige, normale Funktionen wird der Late-Binding-Polymorphismus nicht unterstützt. Wurde eine Elementfunktion als **virtual** deklariert, darf sie in einer abgeleiteten Klasse **nicht** mit derselben formalen Parameter-Signatur und einem *unterschiedlichen* Rückgabewert neu deklariert werden, dann ist sie nämlich nicht mehr polymorph. Wird eine virtual deklarierte Elementfunktion jedoch mit derselben Parameter-Signatur und demselben Rückgabewert neu deklariert, wird die neue Funktion automatisch virtuell, gleichgültig, ob der Qualifizierer virtual angegeben wird oder nicht. Stimmt die Parameter-Signatur nicht überein, so ist die neu deklarierte Funktion, wie oben schon erwähnt, nicht mehr virtuell.

Hier ein komplettes Programm rund um die virtuelle Funktion `virtual void print(char *txt);`

```
0001
.... // Datei: sources/vvektor.hpp
....
0028
0029 // Basisklassen-Deklaration
0030 #include "array.h"
0031
0032 class vektor: public array
0033 {
0034 int l_b;                    // untere Indexgrenze
0035 int u_b;                    // obere Indexgrenze
0036 public: //******************************************************
0037 vektor(int l, int u);       // Konstruktor -----------MF 01
0038 int& operator[](int i);     // wir ueberladen []------MF 02
0039 virtual void print(char *txt); // wir ueberladen print()--MF 03
0040                             // ('virtual' kann hier auch weg-
```

```
0041                               // gelassen werden)
0042 }; /* semicolon after closing brace is essential! */
0043
0044 /*** Ende vvektor.h ---------------------------------***/
0045
```

Programm 86: Deklaration der Klasse vektor

```
0001
.... // Datei: sources/varray.cpp
....
0024
0025 #include "array.h"
0026
0027
0028 // int min(int a,int b)
0029 // {
0030 // return ((a)<(b))?(a):(b);
0031 // }
0032
0033
/******************************************************************/
0034 /*** array(); Konstruktor 1; Copy Initializer        ***/
0035 /******************************************************************/
0036 array::array(array &t)
0037 {
0038 size = t.size;
0039
0040 a = new int[size]; // "abstract declarator";
0041                    // entspr. (char *)malloc(size*sizeof(int))
0042
0043 *this = t;
0044
0045 //for(int i = 0; i < size; i++)  // aequivalent zu *this = t;
0046 //   {
0047 //     a[i] = t.a[i];
0048 //   }
0049
0050 }
```

```
0051
0052 /*************************************************************/
0053 /*** array(); Konstruktor 2                            ***/
0054 /*************************************************************/
0055 array::array(int size, int x)
0056 {            // this hier um size-Namenskonflikt zu vermeiden;
0057 this->size = size;
0058                 // denn formaler Parameter heisst auch size;
0059 a = new int[size];
0060
0061 for(int i = 0; i < size; a[i++] = x)
0062    ;
0063 }
0064
0065 /*************************************************************/
0066 /*** ~array(); Destruktor                              ***/
0067 /*************************************************************/
0068 array::~array()              // Destruktor-------------MF 04
0069 {   // Der Destruktur wird automatisch am Blockende aufgerufen.
0070 size = 0;
0071 delete a; // das mit new allok. array im Klassenobj. loeschen
0072 }
0073
0074 /*************************************************************/
0075 /*** print()                                           ***/
0076 /*************************************************************/
0077 void array::print(char *text)
0078 {
0079 cout << "\n >>> array dump for: \t"
0080      << text
0081      << ", len = "
0082      << size
0083      << "\n";
0084
0085 for (int i = 0; i < size; i++)
0086    {
0087    cout << a[i] << ", ";
0088    }
0089 }
0090
0091 /*************************************************************/
```

```
0092 /*** operator=                                          ***/
0093 /**************************************************************/
0094 array& array::operator=(array &t)
0095 {
0096 int s = MIN(size,t.size);
0097
0098 for(int i = 0; i < s; i++)
0099    {
0100    a[i] = t.a[i];
0101    }
0102
0103 return *this;
0104 }
0105
0106 /**************************************************************/
0107 /*** operator+                                         ***/
0108 /**************************************************************/
0109 array array::operator+(array &t)
0110 {
0111 int s = MIN(size, t.size);
0112 array temp(s);
0113
0114 for(int i=0; i<s;i++)
0115    {
0116    temp.a[i] = a[i] + t.a[i];
0117    }
0118
0119 return temp;
0120 }
0121
0122 /**************************************************************/
0123 /*** operator+=                                        ***/
0124 /**************************************************************/
0125 array& array::operator+=(array &t)
0126 {
0127 int s = MIN(size, t.size);
0128
0129 for(int i = 0; i < s; i++)
0130    {
0131    a[i] += t.a[i];
0132    }
```

```
0133
0134 return *this;
0135 }
0136
0137 /****************************************************************/
0138 /*** operator-                                              ***/
0139 /****************************************************************/
0140 array array::operator-(array &t)
0141 {
0142 int s = MIN(size, t.size);
0143 array temp(s);
0144
0145 for(int i=0; i<s;i++)
0146     {
0147     temp.a[i] = a[i] - t.a[i];
0148     }
0149
0150 return temp;
0151 }
0152
0153 /****************************************************************/
0154 /*** operator-=                                             ***/
0155 /****************************************************************/
0156 array& array::operator-=(array &t)
0157 {
0158 int s = MIN(size, t.size);
0159
0160 for(int i = 0; i < s; i++)
0161     {
0162     a[i] -= t.a[i];
0163     }
0164
0165 return *this;
0166 }
0167
0168 /****************************************************************/
0169 /*** operator[]                                             ***/
0170 /****************************************************************/
0171 int& array::operator[](int i)  // wir ueberladen []-------MF 06
0172 {
0173 return a[i];
```

```
0174 }
0175
0176 /***************************************************************/
0177 /*** len()                                               ***/
0178 /***************************************************************/
0179 int array::len(void)          // return Array-Laenge-----MF 01
0180 {
0181 return(size);
0182 }
0183
0184 /*** Ende varray.C -------------------------------------***/
0185
0186
```

Programm 87: Die Implementierung der Elementfunktionen der Klasse array

```
0001
.... // Datei: sources/vvektor.cpp
0024
0025 #include <stdio.h>
0026 #include "vektor.h"
0027
0028
0029 /***************************************************************/
0030 /*** Konstruktor                                         ***/
0031 /***************************************************************/
0032
0033 vektor::vektor(int l, int u): // Konstruktor -------------MF 01
0034    array(u-l+1)              // AUFRUF DES BASISKLASSENKONSTRUKTORS!!
0035 {
0036 if (u-l < 0)
0037    u = l;
0038
0039 u_b = u;
0040 l_b = l;
0041 }
0042
0043 /***************************************************************/
0044 /*** operator[]                                          ***/
```

```
0045 /****************************************************************/
0046 int& vektor::operator[](int i)
0047 {
0048 if (l_b <= i && i <= u_b )
0049    {
0050    return array::operator[](i-l_b) ;
0051    }
0052 else
0053    {
0054    cout << "\n***INDEXFEHLER***: ";
0055    cout << "index --->" << i << "<--- out of range ("
0056          << l_b << "," << u_b << ")\n";
0057    exit(0);
0058    }
0059 }
0060
0061 /****************************************************************/
0062 /*** operator=                                              ***/
0063 //// die ueberladung fehlt hier noch ... <<<<< see source >>>>>
0064 /****************************************************************/
0065
0066 /****************************************************************/
0067 /*** print()                                                ***/
0068 /****************************************************************/
0069 void vektor::print(char *txt)
0070 {
0071 cout << "\n ### vektor dump of: \t"
0072      << txt
0073      << " l_b = " << l_b
0074      << " u_b = " << u_b
0075      << "\n";
0076
0077 for(int i = l_b; i <= u_b; i++)
0078    {
0079    cout << (*this)[i] << ", ";
0080    }
0081
0082 }
0083 /*** Ende vvektor.cpp-------------------------------------***/
```

Programm 88: Die Implementierung der Elementfunktionen der Klasse
vektor

```
0001
.... // Datei: sources/mvarrvek.cpp
....
0025
0026 #include "vvektor.h"
0027
0028 void GenericPrint(array *irgwas,char * txt);
0029
0030 /*************************************************************/
0031 /*** main()                                              ***/
0032 /*************************************************************/
0033 main()
0034 {
0035 array x(5);                      // array Laenge = 5; Inhalt = 0
0036 array y(10,10);                  // array Laenge = 10; Inhalt = 10
0037 vektor a(5,10);                  // vektor l_b=5, u_b=10
0038 vektor b(5,10);
0039
0040 for(int i = 5; i <= 10; i++)
0041     {
0042     a[i] = i;
0043     b[i] = a[i];
0044     }
0045
0046 GenericPrint(&x,"ARRAY");
0047 GenericPrint(&a,"VEKTOR");
0048 GenericPrint(&y,"ARRAY");
0049 }
0050 /*** Ende main() -------------------------------------------***/
0051
0052 void GenericPrint(array *irgwas, char *txt)
0053 {
0054 irgwas->print(txt); // Die virtuelle Funktion print() wird erst
zur
0055                 // Laufzeit gebunden, und zwar in Abhaengigkeit
0056                 // vom Typ des referenzierten Klassenobjekts!
0057                 // (late-binding-Polymorphismus). Waere print()
0058                 // keine virtuelle Funktion, wuerde der Zeiger-
0059                 // typ von 'irgwas' die Methode bestimmen. In
0060                 // diesem Fall waere das immer die Methode der
```

```
0061                // Basis-Klasse array.
0062 }
0063 /*** Ende GenericPrint() ---------------------------------***/
0064
0065 /*** Ende mvarrvek.C ---------------------------------------***/
0066
```

Programm 89: Die Benutzung der Klassen array, vektor und der virtuellen Elementfunktion print()

8 Ausnahmebehandlung (Exceptionhandling)

Bisher haben wir uns mit C++-Sprachelementen und Konzepten auseinandergesetzt, die uns bei der Implementierung des operativen Teils einer Applikation unterstützen und produktiver machen. Dabei haben wir die Frage der Fehlerbehandlung ein wenig zu kurz kommen lassen. Im klassischen C werden für die Anzeige von Fehlerfällen zum Beispiel Status-Flags und spezielle Rückgabewerte für Funktionen definiert. Der Aufrufer einer Funktion muss für den Fehler-Rückgabewert eine Sonderbehandlung vorsehen. Diese Art der Fehlerbehandlung läßt sich in C++ nicht immer realisieren: es gibt nämlich Sonderfälle, in denen Elementfunktionen keine Rückgabewerte haben können. Man denke nur an Konstruktoren, die nur implizit durch Definitionen, Typumwandlungen oder beim Erzeugen temporärer Objekte, etwa bei der Abarbeitung eines Ausdrucks, aufgerufen werden. Auch in solchen Fällen muss es jedoch möglich sein, Fehlerbehandlungen einzuleiten.

Betrachen wir nochmals das Beispiel der Klasse array aus dem Kapitel "Vererbung", das uns die Situation verdeutlicht.

Bei der folgenden Deklaration der Klasse array haben wir den Zugriffsoperator [] überladen, um auf array-Komponenten zugreifen zu können (Zeile
0039):

```
....
....
0025
0026 class array
0027 {
0028 int size;                    // Groesse des Arrays
0029 int *a;                      // Zeiger auf dyn. allokiertes Array
0030 public:
//****************************************************************
0031 array(array &t);             // Konstruktor 1;Copy-Initializer
0032 array(int size = 1,int x = 0); // Konstruktor 2
0033 array &operator=(array &t);  // Zuweisung
0034 array operator+(array &t);   // Addition
0035 array &operator+=(array &t); // addierende Zuweisung
0036 array operator-(array &t);   // Subtraktion
0037 array &operator-=(array &t); // subtrahierende Zuweisung
0038 ~array();                    // Destruktor
0039 int& operator[](int i);      // wir ueberladen Zugriffsoperator []
0040 int length(void);            // return Array-Laenge
0041 void Display(char *text);    // display array mit Text
0042 };
0043
....
....
```

Eine sehr einfache Implementierung der Elementfunktion operator[] ist die
folgende:

```
....
0161
0162 /****************************************************************/
0163 /*** operator[]                                             ***/
0164 /****************************************************************/
0165 int& array::operator[](int i)  // wir ueberladen den Operator []
0166 {
0167 return a[i];
```

```
0168 }
0169
```

....

Programm 90: Die Zugriffsfunktion operator[] ohne Bereichsprüfung

Diese Lösung ist nicht sonderlich zufriedenstellend, da sie auf eine poten-
tielle Bereichsüberschreitung oder Bereichsunterschreitung des Index i
nicht eingeht. Besser ist eine Implementierung der Zugriffsfunktion, die
darauf achtet, ob der Index seinen Wertebereich nicht verläßt:

....

```
0161
0162 /**************************************************************/
0163 /*** operator[]                                           ***/
0164 /**************************************************************/
0165 int& array::operator[](int i)   // wir ueberladen den Operator []
0166 {
0167 if (0 <= i && i <= size - 1)
0168    {
0169    return a[i];
0170    }
0171 else
0173    {
0174    printf("\n***INDEX ERROR***: ");
0175    printf("index ->%d<- out of range [%d,%d]!\n", i,0,size - 1);
0176    }
0177
```

....

Programm 91: Die Zugriffsfunktion operator[] mit Bereichsprüfung

Bei der zweiten Implementierung der Zugriffsfunkton operator[] entdecken
wir eventuelle Indexfehler. Dabei taucht ein Problem auf: was soll gesche-
hen, wenn die Index-Untergrenze unterschritten oder die Index-
Obergrenze überschritten wird? Wir reagieren mit der Ausgabe einer Fehlermeldung. Zusätzlich hätten wir noch die Möglichkeit, das Programm
abzubrechen. Ob die Fehlermeldung oder der Programmabbruch Reaktio-
nen im Sinne des Klassenbenutzers sind, wissen wir nicht. Der Autor der
Klasse array kann nicht wissen, was der Anwender der Klasse im Falle einer Indexbereichsverletzung wünscht. Der Anwender der Klasse wiederum
ist möglicherweise nicht in der Lage, den Ausnahmezustand zu entdecken.
Um dieses Dilemma zu lösen, bräuchten wir eine Kommunikationsmög-

lichkeit zwischen dem fehlerentdeckenden Programmteil und dem Programmteil, der auf den entdeckten Fehler reagieren möchte, denn nur dieser Programmteil weiß, welche Reaktion auf den Fehler angemessen ist. Für dieses "Kommunikationsproblem" bietet C++ eine leistungsfähige Unterstützung, nämlich die Ausnahmebehandlung (*exception handling*).

8.1 Das Prinzip der Ausnahmebehandlung

Die Lösung in C++ besteht darin, dass die Entdeckung des Ausnahmezustandes der Klasse überlassen bleibt, während der Anwender der Klasse dem Ausnahmezustand eine behandelnde Funktion zuordnen muss, die für eine geeignete Reaktion zuständig ist.

C++ stellt vier elementare Konstrukte für die Implementierung einer Ausnahmebehandlung zur Verfügung.

- Für eine Ausnahmezustandsart wird eine **Ausnahmeklasse** deklariert.
- Ein Konstrukt dient der Kennzeichnung des Programmteils, der für Ausnahmezustände sensibilisiert werden soll: der **try**-Block. Der try-Block definiert also den Geltungsbereich für eine Fehlerbehandlung.
- Ein weiteres Sprachelement dient dem Auslösen eines Ausnahmezustandes: der **throw**[1]-Ausdruck.
- Eine dritte Sprachkonstruktion dient der Definition einer Ausnahmebehandlungsroutine (kurz: Ausnahme-Handler, *exception handler*): der **catch**[2]-Block.

Der Ausnahmezustand eines Programms ist dadurch gekennzeichnet, dass ein Ausnahme-Objekt existiert. Die throw-Funktion sorgt nämlich dafür, dass beim Auftreten eines Fehlers ein Fehlerobjekt der passenden Fehlerklasse erzeugt und in die Programmumgebung "geworfen" wird. "Gefan-

---

[1]Die Funktion throw() ähnelt der C Laufzeitfunktion longjmp().
[2]Die Funktion catch() ähnelt der C Laufzeitfunktion setjmp().

gen" wird das aus dem throw-Block "geworfene" Objekt von einer dazu
passenden catch-Funktion[1].

8.1.1 Ausnahmeklassen

Um mit Indexbereichsverletzungen als Ausnahmen umgehen zu können,
müssen wir zunächst eine Ausnahmeklasse, wir nennen sie RangeError,
deklarieren. Für das betrachtete Beispiel ist es zweckmäßig, die Ausnahmeklasse RangeError lokal in der Klasse Array zu deklarieren. Diese Lokalität ist jedoch nicht zwingend. Ausnahmeklassen können durchaus auch
globaler Natur sein. Ausnahmeklassen sind bezüglich der Syntax normale
C++-Klassen, die auf die gleiche Art wie alle anderen Klassen deklariert
werden. Auch für Ausnahmeklassen können benutzerdefinierte
Konstruktoren geschrieben werden, ebenso können sie Attribute und Elementfunktionen enthalten. Da wir uns hier erst einmal einen Überblick
über die Zusammenhänge der Ausnahmebehandlung verschaffen wollen,
verzichten wir auf eine genauere Detaillierung der Ausnahmeklasse
RangeError:

```
class array {
        // definiere Typ für Ausnahmezustände
        class RangeError {};
        // .....
}
```

Programm 92: Die Klasse array enthält die Ausnahmeklasse RangeError

---

[1]Wird hier im Zusammenhang mit throw und catch von "Funktionen" gesprochen, dann
deswegen, weil es gewisse verwandtschaftliche Beziehungen zwischen Funktionen einerseits und dem throw- und catch-Block andererseits gibt. Intern laufen aber beim Aktivieren einer Funktion andere Mechanismen ab wie beim Aktivieren eines catch-Blocks.
Dies hängt vor allem damit zusammen, dass Ausnahmen Objekte sind und ein catch-
Block auch von einem Ausnahme-Objekt abgeleitete Objekte "auffangen" können soll.

8.1.2 Der throw-Ausdruck löst den Ausnahmezustand aus

Anstatt eine Fehlerbehandlungsroutine direkt aufzurufen, kann nun array::operator[]() im Bedarfsfall einen Ausnahmezustand auslösen. Dies geschieht mit einem throw-Ausdruck (*throw expression*):

```
int &array::operator[](int i)
{
if (i < 0 || size <= i)
    {
    throw RangeError();
    }
return (a[i]);
}
```

Programm 93: Ausnahmezustand mit throw auslösen

Die Anweisung throw kreiert ein temporäres Objekt vom Typ RangeError und initialisiert ggf. das Objekt mit den Werten, die in der throw-Anweisung angegeben sind. Die Anweisung throw veranlaßt die Beseitigung aller im try-Block definierten Objekte (mit deren Destruktoren) und versetzt Stack und Heap in den Zustand, der galt, bevor der try-Block betreten wurde. Danach wird der Ausnahme-Handler des umfassenden Blocks gestartet mit dem temporären Objekt von throw.

Durch den Destruktoraufruf für alle im try-Block erzeugten lokalen Objekte wird dafür gesorgt, dass belegte Ressourcen (wie z. B. auf dem Heap reservierter Speicher) freigegeben und geöffnete Dateien geschlossen und u. U. noch andere Aufräumarbeiten durchgeführt werden.

8.1.3 Der try Block

Ein Programmabschnitt, der daran interessiert ist, Ausnahmezustände zu entdecken und zu behandeln, ist dadurch zu kennzeichnen, dass er in eine try-Anweisung eingefasst wird. Der try-Anweisung folgen dann ein oder mehrere Ausnahme-Handler. Mit der try-Anweisung wird ein Block also nicht nur bezüglich eines Ausnahmezustandes sensibilisiert, sondern generell für Ausnahmezustände.

```
0001
.... // 4.c
....
0007
0008 void func1(int i)
0009 {
0010 try {
0011     array bsp[i];
0012     ....
0013     bsp[i+1] = 99; // Erzeugt ggf. einen RangeError
0014     ....
0015     }
0016 catch (array::RangeError) // Exception Handler
0017     {                       // für die Ausnahmeart RangeError
0018     error("func1(): array RangeError");
0019     return;
0020     }
0021 } // end of func1()
0022
```

Programm 94: Der Exception-Handler

8.1.4 Mit catch wird der Ausnahmezustand abgefangen

Das Konstrukt catch(){ } wird *Exception-Handler* (Ausnahme-Handler) genannt und darf nur unmittelbar hinter einem Block stehen, dem das

Schlüsselwort `try` vorangestellt ist. Allerdings dürfen mehrere Ausnahme-Handler nacheinander notiert werden. Für einen `try`-Block wird dann je nach Ausnahmezustand der zugeordnete Handler aktiviert.

Nach Abarbeitung des Handlers wird das Programm nach der Handler-Liste fortgesetzt und nicht nach der die Ausnahme auslösenden Anweisung!

Aus der Sicht der Sprache gilt der Ausnahmezustand als behandelt, sobald der Handler angestoßen wurde. Bei Nichtbehandlung des Ausnahmezustandes wird das Programm abgebrochen.

Was passiert, wenn in einem `try`-Block ein Ausnahmezustand ausgelöst wird, für den nach dem `try`-Block in keiner `catch`-Anweisung ein Ausnahmehandler zugeordnet wurde? Nun, in diesem Fall wird geprüft, ob in einer aufrufenden Funktion (genauer: in einem übergeordneten `try`-Block) ein für den aktuellen Ausnahmezustand passender Ausnahmehandler existiert. Diese Suche geht entlang der Aufrufliste u. U. zurück bis zur `main`-Funktion. Existiert auch dort kein Ausnahmehandler, so gilt die Ausnahme als nicht behandelt und der Prozess wird mit der Meldung "`unhandled exception`" abgebrochen.

Soweit die wichtigsten Prinzipien der Ausnahmebehandlung. Betrachten wir nun einige weitergehende Möglichkeiten. Da Ausnahmen Klassen sind, lassen sich davon auch Ableitungen einrichten. Damit steht uns mit der Vererbung das gleiche Mittel für die Strukturierung von Ausnahmezuständen zur Verfügung wie für die Modellierung aller anderen Klassen unserer Applikation. Eine solche Hierarchie von Ausnahmeklassen könnte z. B. wie folgt aussehen:

```
// xtime.cpp
....
0005 class ExTime_Unspec
0006     {
0007     public:
0008         static void print(char *msg)
0009             {
0010                 cerr << msg << endl;
```

```
0011                    }
0012     };
....
```

```
....
0020 class ExTime_MorePrec: public ExTime_Unspec
0021     {
0022     char msg[253];
0023     short value;
0024     public:
0025         ExTime_MorePrec (char *info, short item) // Konstruktor
0026             {
0027                 strcpy(msg,info);
0028                 value = item;
0029             }
0030         void ShowValue(void)
0031             {
0032             cerr << msg << ". Falscher Wert: " << value << endl;
0033             }
0034     };
....
```

Programm 95: Deklaration zweier Ausnahmeklassen

Im Zusammenhang mit der unten dargestellten Klasse Time dient die
Ausnahmeklasse ExTime_Unspec einer (unspezifischen) Fehlermittei-
lung. Die abgeleitete Ausnahmeklasse ExTime_MorePrec ist etwas
präziser: sie beinhaltet eine Elementfunktion zur Ausgabe des fehlerhaften
Wertes. Die oben vorgestellten Ausnahmezustände sollen in der Elementfunktion Time::einstellen(int numargs, ...) benutzt werden:

```
0002 #include <stdarg.h> /* wegen va_arg(), va_start(), va_end() */
....
0039 class Time
0040     {
0041     private:
0042         short Sekunden;
0043         short Minuten;
0044         short Stunden;
```

```
0045   public:
0046        void anzeigen(void);
0047        void einstellen(int numargs, ...);
0048   };
....
....
0060 void Time::einstellen(int numargs, ...)
0060 {
0061            int i;
0062            va_list arg_ptr;
0063
0064 va_start(arg_ptr,numargs);
0065 switch (numargs)
0066        {
0067        case 1: Stunden = va_arg(arg_ptr, short);
0068               if (Stunden < 0 || 24 < Stunden)
0069                    throw ExTime_MorePrec ("Stunden",Stunden);
0070               break;
0071        case 2: Stunden = va_arg(arg_ptr, short);
0072               if (Stunden < 0 || 24 < Stunden)
0073                    throw ExTime_MorePrec ("Stunden",Stunden);
0074               Minuten = va_arg(arg_ptr, short);
0075               if (Minuten < 0 || 60 < Minuten)
0076                    throw ExTime_MorePrec ("Minuten",Minuten);
0077               break;
0078        case 3: Stunden = va_arg(arg_ptr, short);
0079               if (Stunden < 0 || 24 < Stunden)
0080                    throw ExTime_MorePrec ("Stunden",Stunden);
0081               Minuten = va_arg(arg_ptr, short);
0082               if (Minuten < 0 || 60 < Minuten)
0083                    throw ExTime_MorePrec ("Minuten",Minuten);
0084               Sekunden = va_arg(arg_ptr, short);
0085               if (Sekunden < 0 || 60 < Sekunden)
0086                    throw ExTime_MorePrec ("Sekunden",Sekunden);
0087        default: throw ExTime_Unspec ();
0089        }
0090 } // Ende einstellen
....
```

Programm 96: Unterschiedliche Fehlerursachen lösen unterschiedliche
Ausnahmezustände aus

Die Elementfunktion `Time::einstellen(int numargs,...)` ist eine Funktion mit variabler Argumentliste. Die Anweisung `throw ExTime_Unspec` wird in Zeile `0087` benutzt um einen Ausnahmezustand auszulösen, der von einer falschen Parametrierung der Elementfunktion herrührt. Die Anweisung `throw ExTime_MorePrec` löst Ausnahmezustände aus, die von einer Über- oder Unterschreitung der Wertebereiche für Sekunden, Minuten und Stunden herrühren.

Betrachten wir nun die Anwendung dieser Klasse `Time` und die dort zu findenden `catch`-Blöcke;

```
0030  Time Uhr;
0031  short std;
0032  short min;
0033  short sek;
....  ....
0045  try {
....      ....
0057      std = ....;
0058      min = ....;
0059      sek = ....;
....      ....
0071      Uhr.einstellen(3,std,min,sek);
....      ....
0073      }
0074  catch (ExTime_MorePrec)
0075      {
....      ....
0087      }
0088  catch (ExTime_Unspec)
0089      {
0090      ExTime_Unspec::print("Falsche Parameterzahl beim Uhrstel-
len!");
....      ....
0101      }
```

Programm 97: Auf verschiedene Ausnahmezustände wird individuell reagiert

Sind mehrere `catch`-Blöcke (Exception-Handler) nach einer `try`-Anweisung notiert, so gilt Folgendes. Erstens: `catch`-Blöcke nach einer `try`-Anweisung werden in der Reihenfolge ihrer Notation bezüglich ihrer Verwendbarkeit geprüft. Zweitens: eine `catch`-Anweisung für einen Ausnahmezustand vom Typ "Basisklasse" fängt auch Ausnahmen ab, die von der Basisklasse abgeleitet sind! Aus diesem Grund ist die Notationsreihenfolge der `catch`-Blöcke bedeutsam. Die spezielleren Exception-Handler (für abgeleitete Ausnahmeklassen) **müssen** vor den allgemeineren Exception-Handlern notiert werden, um sicherzustellen, dass die speziellen Exception-Handler im Bedarfsfall auch tatsächlich aktiviert werden können[1].

Noch etwas zeigt dieses Beispiel: Der Benutzer der Klasse `Time` hat es in der Hand, ob er detailliert oder weniger detailliert über Ausnahmezustände informiert werden möchte. In unserem oben gezeigten Codesegment hätten wir nach dem `try`-Block alleine mit dem Exception-Handler vom Typ `ExTime_Unspec` alle Ausnahmezustände abfangen können.

Was wir bis jetzt noch nicht genutzt haben, ist die Tatsache, dass Ausnahmezustände Objekte erzeugen. Erzeugt werden diese Ausnahme-Objekte am Ort der `throw`-Anweisung. In unserem Beispiel oben (Programm 50) also in den Zeilen 69, 73, 76, 80, 83, 86 und 87. Wollen wir die in der `throw`-Anweisung generierten Objekte nutzen, so müssen wir allerdings den `catch`-Block von Zeile 74 (in Programm 51) ändern. Den Exception-Handler vom Typ `ExTime_Unspec` (Zeile 88) können wir so lassen wie er ist, da ein Ausnahmeobjekt von diesem Klassentyp keine Datenelemente enthält und wir zur Ausführung der Klassenmethode `ExTime_Unspec::print(char *)` kein konkretes Objekt benötigen, weil `print()` eine `static`-Elementfunktion ist.

Um mit einem von der `throw`-Anweisung "geworfenen" Objekt umgehen zu können, muss die dazu passende `catch`-Anweisung in ihrem Kopf ein Objekt deklarieren. Das oben gezeigte Beispiel entsprechend adaptiert

---

[1]Wird diese syntaktische Vorschrift nicht beachtet, so wird in der Regel der Compiler einen Fehler melden, da die nachfolgenden Exception-Handler nicht erreichbar sind.

sieht dann wie folgt aus. In der Zeile 74 wird im catch-Kopf das "formale Objekt" ExObj deklariert:

```
0045 try {
....      ....
0071      Uhr.einstellen(3,std,min,sek);
....      ....
0073      }
0074 catch (ExTime_MorePrec ExObj)
0075      {
....      ....
0086      ExObj.ShowValue();
0087      }
```

Programm 98: Die Deklaration von ExObj im catch-Kopf macht das durch die throw-Anweisung erzeugte Ausnahmeobjekt im catch-Block nutzbar.

Der Umgang mit Ausnahmeobjekten entspricht dem bisher kennengelernten Umgang mit Objekten: private Klassenattribute sind nur über öffentliche Elementfunktionen erreichbar.

8.1.5 Lebensdauer von Ausnahmeobjekten

Wie lange leben die von Ausnahmen erzeugten Ausnahmeobjekte? Das Beispiel oben legt die Vermutung nahe, dass ein Ausnahmeobjekt bis zum Ende der Laufzeit des zugehörigen catch-Blocks lebt (Zeile 87). So wie das Beispiel (Programm 52) geschrieben ist, stimmt das auch. Das muss jedoch nicht so bleiben! Ein Exception-Handler kann nämlich ein und dasselbe Ausnahmeobjekt erneut "werfen", nachdem er z. B. nur minimal auf den Ausnahmezustand reagiert. Für das erneut geworfene Ausnahmeobjekt wird dann entlang der Aufrufkette erneut ein catch-Block gesucht. Wird ein passender catch-Block gefunden (im Extremfall kann das in der main-Funktion sein), so erhält er das Ausnahmeobjekt.

```
0045 try {
....      ....
0071      Uhr.einstellen(3,std,min,sek);
....      ....
0073      }
0074 catch (ExTime_MorePrec ExObj)   // 'call by value'
0075      {
....      ....
0086      ExObj.ShowValue();
0087      throw;
0088      }
```

Programm 99:Der 'call by value'-catch-Block löst erneut einen Ausnahmezustand aus und 'wirft das Ausnahmeobjekt weiter'

Ob ein catch-Block das von der throw-Anweisung geworfene Original-Ausnahmeobjekt bekommt oder eine lokale Objektkopie, hängt davon ab, ob im Kopf des catch-Blocks wie in den Programmen 52 und 53 die typische "call by value"-Notation steht oder wie unten im Programm 54 eine "call by reference"-Deklaration notiert wird:

```
0045 try {
....      ....
0071      Uhr.einstellen(3,std,min,sek);
```

```
....      ....
0073    }
0074  catch (ExTime_MorePrec &ExObj)  // 'call by reference'
0075    {
....      ....
0086      ExObj.ShowValue();
0087      throw;
0088    }
```

Programm 100: Der 'call by reference'-catch-Block löst erneut einen Ausnahmezustand aus und 'wirft das Ausnahmeobjekt weiter'

8.1.6 Explizite Deklaration

Da die Erzeugung eine Ausnahmezustandes dynamisch geschieht, kann man einer Funktionsdefinition nicht ohne weiteres ansehen, mit welchen Exceptions man beim Aufruf der Funktion rechnenen muss. Auf der anderen Seite ist genau diese Kenntnis natürlich für den Benutzer der Elementfunktion bedeutsam, da er ja möglicherweise für alle möglichen Ausnahmen catch-Blöcke definieren möchte. Dieses Problem läßt sich lösen, in dem bei der Funktionsdefinition im Kopf der Funktion die Ausnahmetypen mit aufgelistet werden, die von der Funktion ausgelöst werden können.

Die in unseren Beispielen (Programm 47 und Programm 50) oben verwendeten Elementfunktionen hätten wir also präziser auch so deklarieren können:

```
int &array::operator[](int i) throw(RangeError)
{
if (i < 0 || size <= i)
    {
    throw RangeError();
    }
return (a[i]);
}
```

```
void Time::einstellen(int numargs,  ...)throw(ExTime_Unspec, Ex-
Time_MorePrec)
    {
    ....
```

Damit wird die Dekkaration der potentiellen Ausnahmezustände nunmehr Teil der Funktionsschnittstelle. Diese Deklaration der potentiellen Ausnahmezustände kann als Zusicherung der Funktion verstanden werden, ausschließlich Ausnahmezustände der deklarierten Typen (oder von ihnen abgeleiteten Typen) auszulösen. Das Einhalten dieser Zusicherung kann allerdings nicht vom Compiler während der Übersetzung geprüft werden. Diese Prüfung muss vielmehr zur Programmlaufzeit dynamisch erfolgen. Löst eine Funktion einen nicht deklarierte Ausnahmezustand aus, so wird das Programm abgebrochen.

8.1.7 terminate(), set_terminate(), unexpected() und set_unexpected()

Wenn für die Behandlung einer Ausnahmesituation kein passender catch-Block existiert, so wird automatisch die Funktion void terminate() aufgerufen. Diese vordefinierte Funktion beendet normalerweise das Programm durch den Aufruf der ebenfalls vordefinierten Funktion abort(). Der Programmierer hat jedoch auch die Möglichkeit, stattdessen eine eigene Funktion, sagen wir void MyEmergEx(), ausführen zu lassen. Zu diesem Zweck muss er mit der vordefinierten Funktion set_terminate() die eigene Funktion MyEmergEx() anmelden: set_terminate(MyEmergEx). Die Funktion set_terminate() gibt als Returnwert einen Zeiger auf die zuvor eingestellte Abbruchfunktion zurück. Die benutzerdefinierte Funktion MyEmergEx() stellt also gewissermaßen die allerletzte Möglichkeit dar, um auf unvorhergesehene Ausnahmesituationen zu reagieren. MyEmergEx() muss das Programm beenden und darf nicht mit return zurückkehren.

Ähnliches gilt für den Fall, dass eine Funktion mit der oben dargestellten erweiterten Schnittstelle einen nicht zulässigen Ausnahmezustand auslöst. In diesem Fall wird automatisch die vordefinierte Funktion void unexpected() aufgerufen. Diese Funktion ruft im Regelfall wiederum die vordefinierte Funktion void terminate() auf. Aber auch hier kann der Programmierer mit set_unexpected(MyEmergEx) die applikationsspezifische Funktion void MyEmergEx() substituieren.

9 Templates

Nach unserem Ausflug in die Behandlung der Ausnahmezustände wollen wir uns in der Folge mit Sprachkonzepten auseinandersetzen, die ähnlich wie das Exception-Handling, ebenfalls zu den jüngeren Sprachmöglichkeiten gezählt werden müssen[1]. Betrachten wir zunächst Templates. C++ unterstützt zwei Arten von Templates: zum einen die *Klassen-Templates* und zum anderen *Funktions-Templates*.

9.1 Klassen-Templates

Ein *Klassen-Template*, auch *generische Klasse* genannt, ist ein Klassenmuster mit einem[2] *generischen* formalen Parameter zur Generierung von gewöhnlichen konkreten Klassen.

Der generische formale Parameter eines Templates dient als Stellvertreter eines aktuellen Parameters, der den definitiven Datentyp bestimmt. Die aus einem Klassen-Template generierte konkrete Template-Klasse verhält sich genauso, als wäre sie "von Hand" geschrieben worden. Generische Klassen implizieren also keinerlei Laufzeitnachteile oder Codevorteile.

---

[1] Templates werden in C++ ab Version 3.0 angeboten.

[2] Die meisten Compiler unterstützen, wenn überhaupt, nur einen generischen formalen Parameter in einer Templatedeklaration.

9.1.1 Ein einfaches Klassen-Template

Dem im folgenden gezeigten Klassen-Template liegt folgende Idee zugrunde: Arrays werden sehr häufig benötigt - und zwar für alle möglichen Datentypen: für int- und float-Zahlen beispielsweise, aber auch für zusammengesetzte Datentypen wie Strukturen oder auch für Objekte. Gäbe es keine Templates, so würde das bedeuten, dass wir genau soviele Array-Klassen deklarieren müßten, wie wir verschiedene Basisdatentypen (int, float, etc.) verwenden wollen! Einfacher geht das mit einem Klassen-Template. Wir deklarieren mit Hilfe eines Klassen-Templates gewissermaßen ein Klassenmuster unabhängig von einem konkreten Datentyp (Zeilen 0090 bis 0102). Erst später präzisieren wir, welcher konkrete Datentyp unserer generischen Klasse zu Grunde liegen soll (Zeilen 0190 und 0191).

Beispiel:

```
.....
0090 template <class T>   // der Parameter T ist Platzhalter für einen Datentyp
0091 class array {        // array ist ein Klassen-Template
0092              int size;
0093              T *a;
0094      public:
0095              array(array &x);      // Copy-Initializer
0096
0097              array(int size = 1, T x = (T)0)   // Konstruktor
0098              ......
0099              ......
0100              T &operator[](int i); // Operator overloading
0101              ......
0102      }
.....
0190 int main(void)
0191 {
0192 array <int> ibsp(10);       // erzeugt eine int-Template-Klasse
0193 array <float> fbsp(20,3.14); // erzeugt eine flaot-Template-Klasse
.....
```

Programm 101: Eine generische Klasse (*Klassen-Template*)

Eine Template-Deklaration wird mit dem Präfix `template <class T>` eingeleitet. In spitzen Klammern wird der formale Parameter, in unserem Beispiel T, deklariert, der dann auch im Klassenrumpf als Platzhalter für einen aktuellen Datentyp auftritt. Damit liegt mit dem Template ein *parametrisierter Datentyp* vor. Der Geltungsbereich des Namens T reicht bis zum Ende der Deklaration, der `template <class T>` vorangestellt ist.

Zum Zeitpunkt der Templatedeklaration muss der zukünftig für den formalen Parameter T einzusetzende aktuelle Typ noch nicht existieren! So gesehen, dient uns ein Template im Prinzip dazu, um Klassen und ihre Elementfunktionen zu schreiben, die auf noch unbekannten Typen basieren und in einem noch unbekannten Kontext eingesetzt werden. Hier ist es aus diesem Grund von besonderer Bedeutung, dass ein Template möglichst keine Aussenbezüge zu globalen Namen (Daten oder Funktionen) hat.

Das Beispiel oben verdeutlicht schon, wann Templates angebracht sind, wann sie benutzt werden: nämlich immer dann, wenn das Layout (Gestaltung der Datenkomponenten) einer Klasse und ihr typisches Verhalten (Angebot an Elementfunktionen) mit mehreren unterschiedlichen konkreten Datentypen benötigt wird. Also wie im Beispiel oben: ein `int`-Array und ein `float`-Array, usw.

Beim Schreiben von Templates geht man am besten von einer konkreten Ausprägung aus, modelliert und testet diese. Erst nachdem die konkrete Klasse validiert wurde und einwandfrei funktioniert, sollte sie zu einem Template verallgemeinert werden.

Betrachten wir aus dem Beispiel oben (Programm 55) nochmals die Stellen, wo von dem Klassen-Template `class array<>` Gebrauch gemacht wird, nämlich bei der Erzeugung von konkreten Template-Klassen:

```
....
0190 array <int> ibsp(10);        // erzeugt eine int-Template-Klasse
0191 array <float> fbsp(20,3.14); // erzeugt float-Template-Klasse
....
```

Sobald der Compiler diese Definitionen sieht, generiert er konkrete Template-Klassen. Die erzeugte `int`-Template-Klasse würde dabei folgendermaßen aussehen:

```
class array_int {
                int size;
                int *a;
        public:
                array_int(array &x);      // Copy-Initializer

                array_int(int size = 1, int x = (int)0)
                                          // Konstruktor
                ......
                ......
                int &operator[](int i); // Operator overloading
                ......

        }
```

Die vom Compiler erzeugt `float`-Template-Klasse ist vom Aufbau her
identisch:

```
class array_float {
                int size;
                float *a;
        public:
                array_float(array &x);    // Copy-Initializer

                array_float(int size = 1, float x = (float)0)
                                          // Konstruktor
                ......
                ......
                float &operator[](int i); // Operator overloading
                ......

        }
```

Dieses "Übersetzungsbeispiel" zeigt, dass das was der Compiler aus einer
Template-Klassen-Definition macht, keine Laufzeitmechanismen, die eine
Reduktion der Performance bedeuten würden, nach sich zieht.

9.1.2 Ein Klassen-Template mit mehreren Parametern

Wie wir bisher gesehen haben, können Templates einen wesentlichen Beitrag zur Steigerung der Effizienz des Programmierers leisten, denn Klassen, die auf unterschiedlichen Basisdatentypen gründen, müssen nicht mehr separat deklariert werden! Unser Klassen-Template ist also bestens dazu geeignet, z. B. `int`- oder `float`-basierende Array-Klassen zu generieren. Wenn wir dieses bisherige Klassen-Template betrachten, so fällt auf, dass die Frage nach der tatsächlichen Array-Größe des Klassenelements a vom Typ T auf die bisher übliche Art über den Konstruktor geregelt ist. Unsere beiden im Beispiel oben definierten Arrays `ibsp` und `fbsp` (Zeilen `0190` und `0191`) umfassen 10 bzw. 20 Array-Elemente. Angelegt werden diese Element während das Konstruktorlaufs - also zur Laufzeit!

Für die Effizienz des Programmes wäre es jedoch besser, wenn die Array-Elemente schon zur Übersetzungszeit allokiert werden könnten. Mit Hilfe der Klassen-Templates ist dies in der Tat möglich, weil die generischen Template-Parameter nicht unbedingt *Typen* sein müssen! Betrachten wir hierfür ein Beispiel.

Wir modifizieren unser bisheriges Klassen-Template dahingehend, dass wir neben dem Typ-Parameter `class T` noch `int size` als generischen Template-Parameter mitgeben.

```
.....
0090 template <class T, int size>
0091 class array {
0092
0093              T a[size];
0094       public:
0095              array(array &x);       // Copy-Initializer
0096
0097              array(T x = (T)0)      // Konstruktor
0098              ......
0099              ......
0100              T &operator[](int i); // Operator overload-
ing
0101              ......
```

```
0102              }
.....
0190 int main(void)
0191 {
0192 array <int,80> ibsp;            // erzeugt eine int-Template-
Klasse
0193 array <float,120> fbsp(3.14);  // erzeugt eine float-Template-
Klasse
.....
```

Programm 102: Ein *Klassen-Template* mit mehreren Template-Parametern

Vergleicht man nun die neue Klassen-Template-Deklaration mit der bisherigen, so stellt man Unterschiede in den Zeilen 0092 und 0093 fest: das elementare Array a vom Typ T wird nicht mehr dynamisch allokiert, sondern statisch! Wie groß das elementare Array in einem Objekt vom Typ class array <> sein soll, wird bei der Objektdefinition (Zeilen 0192 und 0193) geregelt. Der erste generische Template-Parameter (int bzw. float) bestimmt den Datentyp des elementaren Arrays a und der zweite generische Template-Parameter regelt die Größe des elementaren Arrays a (80 ints im einen Fall und 120 floats im anderen).

Ergänzend läßt sich sagen, dass sich neben *Typ-Argumenten* für Klassen-Templates *Konstantenausdrücke*, *Strings* und *Funktionsnamen* verwenden lassen.

9.2   Funktions-Templates

An dieser Stelle ist es an der Zeit, die Elementfunktionen unserer bisherigen Klassen-Templates etwas genauer zu betrachten. Nehmen wir nochmals die Deklaration unseres ersten einfachen Klassen-Templates. Dort war folgende Elementfunktion in der Klasse deklariert:

```
....
0097              array(int size = 1, T x = (T)0)   //
Konstruktor
....
```

Mit unserem bisherigen Wissen, ist es kein Problem, den Konstruktor als
Inline-Funktion zu implementieren. In der Deklaration des Klassen-
Templates könnte beispielsweise statt der Zeile 0097 die komplette Defi-
nition des Konstruktors stehen:

```
array(int size = 1, T x = (T)0)
{
this->size = size;
a = new T[size];
for(int i = 0; i < size; a[i++] = x)
  ;
}
```

Wie sieht aber die Konstruktor-Definition aus, wenn sie nicht als Inline-
Funktion in der Klassen-Deklaration notiert werden soll? Hätten wir den
Konstruktor nicht inline geschrieben, lautete seine Definition:

```
template <class T> array<T>::array(int size = 1; T x = (T)0)
{
this->size = size;
a = new T[size];
for(int i = 0; i < size; a[i++] = x)
  ;
}
```

Programm 103: Syntax der Definition einer Non-Inline-Elementfunktion
eines Klassen-Templates

Funktions-Templates sind also notwendig, wenn die Elementfunktionen
eines Klassen-Templates nicht als Inline-Funktionen geschrieben sind, d.
h., wenn das Klassen-Template nur die Deklaration der Template-
Elementfunktion, nicht aber die Definition, d. h. den Funktionsrumpf, enthält. In diesem Fall gibt es noch einige Besonderheiten zu beachten. Diese
Besonderheiten[1] werden wir besprechen, wenn wir im Kapitel "Container-

---

[1]Es geht um die Frage, *wann* der Compiler in diesem Fall die Templatefunktionen generiert.

Klassen" ein ausführliches Beispiel betrachten, in dem die Elementfunktions-Templates in einem separaten Quellmodul untergebracht sind.

In Analogie zum Klassen-Template definiert also ein Funktions-Template
keine konkrete Funktion, sondern vielmehr ein "Funktionsmuster", das
sich erst konkretisieren läßt, nachdem bekannt ist, welcher konkrete Typ
sich hinter `class T` verbirgt. Im Falle unseres Konstruktors ist das natürlich in dem Moment bekannt, wo ein Objekt definiert wird:

```
....
0190 array <int> ibsp(10);        // erzeugt eine int-Template-
Klasse
....
```

Sobald der Compiler diese Objektdefinition sieht, generiert er aus dem
Funktions-Template einen konkreten Konstruktor, in dem der Typname `T`
durch den Typnamen `int` ersetzt wird. Auch hier gilt - wie bei den Klassen-Templates: ein Laufzeitmechanismus ist hier nicht notwendig, die
konkrete Elementfunktion wird schon zur Übersetzungszeit vom Compiler
generiert!

Nun ist dieser Mechanismus ohne Zweifel nicht nur im Zusammenhang
mit Elementfunktionen von Interesse! Generische Funktionen, also Funktionen die hinsichtlich ihrer Argument-Typen parametrisierbar sind, erhöhen die Effizienz des Programmierers in erheblichem Maße ohne Reduktion von Sicherheit und Qualität. Wie sieht ein Funktions-Template aus, für
eine normale Funktion? Der Notationsaufwand ist etwas geringer wie für
Elementfunktionen-Templates. Hierfür ein Bespiel:

```
template <class T> void swap (T &a, T&b)
{
T temp = a;
a = b;
b = temp;
}
```

Programm 104: Ein _Funktions-Template_ mit einem Template-Parameter

Mit dieser Deklaration haben wir zunächst nur ein *Muster* für eine spätere konkrete Funktionsdefinition geschaffen. Verwenden wir anschließend keinen Aufruf von swap(), so bewirkt diese Template-Deklaration keinerlei Code-Generierung. Beim statisch ersten Aufruf generiert der Compiler jedoch eine passende Funktionsdefinition.

```
int alpha;
int beta;

....

swap(alpha,beta); // Hierfür wird die unten gezeigte Templatefunktion
generiert

....
```

Passend zum swap()-Aufruf oben generiert der Compiler die folgende Templatefunktion:

```
void swap (int &a, int&b)
{
int temp = a;
a = b;
b = temp;
}
```

9.3   Container-Klassen

Nachdem wir bisher schon einiges über Templates gehört haben, soll in einer typischen Anwendung das Potential von Templates verdeutlicht werden.. Templates werden bevorzugt im Zusammenhang mit *Container-Klassen* verwendet. Doch zunächst wollen wir klären, was Container-Klassen sind.

Container-Klassen dienen zur Aufnahme von Objekten, traditionellen Daten und auch zur Aufnahme von Zeigern auf Objekte und Daten. Beispiele hierfür sind Tabellen, Listen, Vektoren, und dergleichen mehr. Typische Operationen, über die Container-Klassen verfügen, sind neben den Konstruktoren und dem Destruktor, die Operationen "Element einfügen", "Element herausholen", "Element löschen", "sortieren", usw.. Container-

Klassen sind vor allem auch dadurch gekennzeichnet, dass sie als "Black
Box" betrachtet werden können: die Objekte der Klasse werden ausschließlich durch die von der Klasse veröffentlichten Elementfunktionen
manipuliert. Die aktuelle Implementierung der Container-Klasse sollte sich
jederzeit verändern lassen, ohne dass die Anwendungen der Elementfunktionen davon beeinflußt werden.

Betrachten wir zunächst einen (nicht generischen) Container für die Aufnahme von int-Zeigern:

```
0001
.... // ribuffer.cpp
....
0007
0008 #include <stdlib.h>
0009
0010 class queue { // Ringpuffer
0011            enum {size = 10};
0012            int *q[size];
0013            int in;
0014            int out;
0015        public:
0016            queue(){in = out = 0;}
0017            void put(int *i)
0018                {
0019                q[in++] = i;
0020                if (in >= size) // Ueberlauf
0021                    {
0022                    in = 0;
0023                    }
0024                } // end of put()
0025            int *get()
0026                {
0027                if (out == in) // Q ist leer
0028                    {
0029                    return(NULL);
0030                    }
0031                else
0032                    {
0033                    int *result = q[out++];
```

```
0034                    if (out >= size) // Ueberlauf
0035                    {
0036                      out = 0;
0037                    }
0038                    return result;
0039                  }
0040                } // end of get()
0041            }; // end of container
0042
```

Programm 105: Der nichtgenerische Container queue

Diese Klasse definiert einen Ringpuffer. Daten, die im Ringpuffer mit der
Operation put() abgelegt werden, können in der gleichen Reihenfolge
mit der Operation get() wieder ausgelesen werden. Ist der Ringpuffer
voll, so wird er von vorne beginnend überschrieben. Selbstverständlich
könnten noch weitere Elementfunktionen in dieser Klasse implementiert
werden, was aber hier aus Gründen der Übersichtlichkeit nicht getan werden soll.

Da es in C++ nicht möglich ist, Konstanten lokal zu einer Klasse zu definieren, wird in der Klassendeklaration oben stattdessen ein Aufzählungstyp verwendet (Zeile 0011), um das Array zu dimensionieren. Auf diese
Art und Weise reduziert sich die Anzahl der globalen Symbole und das
Programm wird etwas übersichtlicher.

Die oben genannten Kriterien einer Container-Klasse sind hier gegeben:
der Ringpuffer kann als Black-Box gesehen werden und die Implementierung ist für den Benutzer nicht antastbar; die Elementfunktionen put()
und get() sind die einzigen Schnittstellen, die dem Benutzer aber auch
alles bieten, was er braucht, um den Ringpuffer zu benutzen.

Anstatt den Ringpuffer mit einem Array zu implementieren, könnten wir
auch eine verkettete Liste benutzen. Die Benutzerschnittstelle der Klasse
würde sich dadurch nicht ändern!

Die Benutzung der Container-Klasse könnte wie folgt aussehen:

```
0000
0000 // rimain.cpp
....
0011 #include <iostream.h>
0012 #include <ringbuffer.h>
0013
0014 void main()
0015 {
0016 int l[] = {1,2,3,4,5,6};
0017 queue q;
0018
0019 int *p;
0020
0021 for (int i = 0;
0022      i < sizeof(l)/sizeof(l[0]);
0023      i++)
0024    {
0025      q.put(&l[i]);
0026    }
0027
0028 while (p = q.get())
0029      cout << "q.get() = " << *p << endl;
0030
0031 } // end of main()
0032
```

Programm 106: Die Benutzung der Container-Klasse queue

Bei der Initialisierung von l zählt der Compiler die Anzahl der Elemente in der Initialisierungsliste und allokiert entsprechend Speicherplatz für das Array l. In der for-Schleife werden Zeiger auf die Elemente aus l in den Ringpuffer gegeben. In der while-Schleife werden solange Elemente aus dem Ringpuffer geholt, bis der Ringpuffer den NULL-Zeiger zurückgibt.

Was ist zu tun, wenn der Ringpuffer Objekte anderer Datentypen aufnehmen soll? Wir könnten die Deklaration der Klasse queue kopieren und die Kopie manuell ändern. Das aber ist weder besonders elegant noch ent-

spricht es unserer Vorstellung einer Mehrfachverwendung von Software-
teilen. Ideal ist hierfür die Verwendung von Templates.

9.4 Generische Container

Von Templates und Containern haben wir nun eine genaue Vorstellung.
Weiter oben haben wir gehört, dass Templates bevorzugt im Zusammenhang mit Container-Klassen verwendet werden. Unser letztes Beispiel
("Benutzung einer Container-Klasse") hat drastisch verdeutlicht, dass gerade Container am besten typunabhängig sein sollten, eben generisch, für
mehrere Typen brauchbar.

Dieses Ziel läßt sich erreichen, wenn wir für die Deklaration unseres Containers die durch Templates gegebenen Möglichkeiten nutzen. Das folgende Beispiel ist die Implementierung des oben dargestellten Containers als
generischer Container.

Der Modul *geribuff.h* enthält die Deklaration des Klassen-Templates
queue, wobei alle Elementfunktionen (der Konstruktror queue() in Zeile 0015 und die Zugriffsfunktionen put() in Zeile 0017 und get() in
Zeile 0025) als inline-Funktionen ausgeführt sind. Diese Tatsache ist aus
zweierlei Gründen bedeutsam. *Erstens*: wir können alle Köpfe von Elementfunktionen mit der vertrauten Syntax definieren; das ist anders wenn
wir die Elementfunktionen nicht als Inline-Funktionen ausführen, sondern
in eigenen Quellmodulen unterbringen. Im nächsten Beispiel werden wir
verdeutlichen, wie die veränderte Syntax aussieht. *Zweitens*: die Generierung der passenden Templatefunktionen aus den Funktions-Templates der
Elementfunktionen ist damit garantiert. Dieser Tatbestand hängt damit zusammen, dass der Compiler die Definition eines Funktions-Templates sehen muss, um die passende Templatefunktion generieren zu können. Auch
diesem Phänomen werden wir im nächsten Beispiel nochmals auf den
Grund gehen!

```
0001
0002 // geribuff.h
0003
0004 #include <stdlib.h>
```

```
0005
0006 template <class GEN>
0007 class queue { // Ringpuffer
0008       enum {size = 10};
0009       GEN *q[size];
0010       GEN in;
0011       GEN out;
0012
0013       public:
0014
0015       queue()
0016          {in = out = 0;}
0017       void put(GEN *i)
0018          {
0019              q[in++] = i;
0020              if (in >= size) // Ueberlauf
0021              {
0022                  in = 0;
0023              }
0024          } // end of put()
0025       GEN *get(void)
0026          {
0027              if (out == in) // Q ist leer
0028              {
0029                  return(NULL);
0030              }
0031              else
0032              {
0033                  GEN *result = q[out++];
0034                  if (out >= size) // Ueberlauf
0035                  {
0036                      out = 0;
0037                  }
0038                  return result;
0039              }
0040          }
0041
0042       }; // end of container
0043
```

Programm 107: Der generische Container queue<GEN>

Der Modul *gerimain.cpp* benutzt nun den generischen Container `queue<GEN>`. Als generischer Container kann unsere Ringpuffer-Klasse jetzt jeweils für die Aufnahme unterschiedlicher Datentypen genutzt werden. In den Zeilen `0012` und `0013` erzeugen wir aus der generischen Container-Klasse einen Container vom Typ `int` und einen Container vom Typ `double`. Genaugenommen müßten wir hier sagen: der Compiler generiert für uns zwei Templateklassen mit jeweils eigenen Versionen *aller* Datenkomponenten und *aller* Elementfunktionen.

```
0001
0002 // gerimain.cpp
0003
0004 #include <iostream.h>
0005 #include "geribuff.h"
0006
0007 void main(void)
0008 {
0009 int arrint[] = {1,2,3,4,5,6};
0010 double arrdoub[] = {1.11, 2.22, 3.33, 4.44, 5.55, 6.66};
0011
0012 queue<int> qint;
0013 queue<double> qdoub;
0014
0015 int i;
0016 int *p_int;
0017 double *p_double;
0018
0019 // we use queue to buffer int
0020
0021 for (i = 0;
0022      i < sizeof(arrint)/sizeof(arrint[0]);
0023      i++)
0024    {
0025      qint.put(&arrint[i]);
0026    }
0027
0028 while ( p_int = qint.get())
0029    {
```

```
0030        cout << "qint.get() = " << *p_int << endl;
0031        }
0032
0033 // we use queue to buffer double
0034
0035
0036 for (i = 0;
0037        i < sizeof(arrdoub)/sizeof(arrdoub[0]);
0038        i++)
0039        {
0040        qdoub.put(&arrdoub[i]);
0041        }
0042
0043 while ( p_double = qdoub.get())
0044        {
0045        cout << "qdoub.get() = " << *p_double << endl;
0046        }
0047
0048 } // end of main()
0049
```

Programm 108: Die Benutzung der generischen Container-Klasse
queue<GEN>

Im Beispiel oben sind die Elementfunktionen der generischen Container-
Klasse als Inlinefunktionen geschrieben. Wir haben schon häufiger darüber
gesprochen: für "private", kleinere Anwendungsprogramme mag das tole-
riert werden - für ernsthafte Applikationen wollen wir die Implementierung der Elementfunktionen und die Deklaration der Klasse in zwei verschiedenen Dateien unterbringen: in einer Header-Datei die Klassendeklaration und in einer separaten Quelldatei die Implementierung der Elementfunktionen. Soweit ist das nichts Neues. Aber im Zusammenhang mit
Templates kommen bei dieser Aufteilung syntaktische Besonderheiten bei
der Definition der Elementfunktionen ins Spiel! Wir haben diese syntaktischen Besonderheiten zwar im Abschnitt "Funktions-Tempates" genau be-
leuchtet, wollen aber hier die Gelegenheit nicht versäumen, darauf hinzu-
weisen, dass wir von diesen Funktions-Templates Gebrauch machen müssen, wenn wir die Deklaration unserer generischen Container-Klasse
queue<GEN> und die Implementierung ihrer Elementfunktionen trennen.
Das Beispiel von oben teilen wir nun auf in drei Module: die Deklaration

des Container-Templates ist im Modul *geribuff.h*, die Implementierung der Elementfunktions-Templates befindet sich im Modul *geribuff.cpp* und die Applikation ist wie bisher im Modul *gerimain.cpp* sie.

```
0001
0002 // geribuff.h
0003
0004 #include <stdlib.h>
0005
0006 template <class GEN>
0007 class queue { // Ringpuffer
0008       enum {size = 10};
0009       GEN *q[size];
0010       GEN in;
0011       GEN out;
0012
0013       public:
0014
0015       queue();
0016       void put(GEN *i);
0017       GEN *get(void);
0018       }; // end of container
0019
```

Programm 109: Der generische Container queue<GEN> *ohne* Implementierung der Elementfunktionen

Der Modul *geribuff.cpp* ist eine genauere Betrachtung wert. Wenn wir die Implementierung der Elementfunktions-Templates mit der Implementierung dieser Funktionen aus dem obigen Beispiel betrachten, so fällt auf, dass die Funktionsköpfe komplexer sind (siehe Zeilen 0009/0010, 0013/0014 und 0023/0024). Grundsätzlich ist uns dieses Erscheinungsbild nicht neu, da wir ja schon im Abschnitt "Funktions-Templates" darüber gesprochen haben. Die Rümpfe der Elementfunktionen sind identisch mit den Rümpfen der Inline-Version. Beim Lesen des Moduls entgehen einem natürlich nicht die Zeilen 0044 bis 0055. Was soll diese Funktion dummy () ?

```
0001
0002 // geribuff.cpp
0003
0004
0005 #include "geribuff.h"
0006
0007
0008
0009 template <class GEN>
0010 queue<GEN>::queue()
0011        {in = out = 0;}
0012
0013 template <class GEN>
0014 void queue<GEN>::put(GEN *i)
0015              {
0016              q[in++] = i;
0017              if (in >= size) // Ueberlauf
0018              {
0019              in = 0;
0020              }
0021              } // end of put()
0022
0023 template <class GEN>
0024 GEN * queue<GEN>::get(void)
0025              {
0026              if (out == in) // Q ist leer
0027              {
0028              return(NULL);
0029              }
0030              else
0031              {
0032              GEN *result = q[out++];
0033              if (out >= size) // Ueberlauf
0034              {
0035              out = 0;
0036              }
0037              return result;
0038              }
0039              } // end of get()
0040
```

```
0041
0042
0043
0044 void dummy(void)
0045 {
0046 queue<int>q;
0047 int d = 0;
0048 q.put(&d);
0049 (void)q.get();
0050
0051 queue<double>qq;
0052 double dd = 0;
0053 qq.put(&dd);
0054 (void)qq.get();
0055 }
0056
0057
```

Programm 110: Die Implementierung der Elementfunktionen des generischen Containers queue<GEN>

Die in den Zeilen 0044 bis 0055 definierte Funktion dummy() erfüllt einen wichtigen Zweck, nicht zur Laufzeit des Programms, sondern schon während der Übersetzung! Weiter oben haben wir schon einmal erfahren, dass der Compiler die Definition eines Funktions-Templates sehen muss, um die passende Templatefunktion generieren zu können. Bei multimodularen Programmen, die aus mehreren Dateien bestehen, ist daher die Frage von Bedeutung, wo die Definition eines Funktionstemplates steht. In der ersten Version unseres generischen Containers waren alle Definitionen in der Header-Datei geribuff.h enthalten. Diese Header-Datei wurde in den Modul *gerimain.cpp* inkludiert. Damit sind für den Compiler die Definitionen der Elementfunktions-Templates sichtbar, wenn er die notwenigen Templatefunktionen generieren möchte. Dieser Sachverhalt ist ganz wichtig: der Compiler muss die Definition sehen, um eine Templatefunktion generieren zu können!

Stehen nun, wie in unserem zweiten Beispiel, diese Definitionen in einem eigenen Quellmodul (hier: *geribuff.cpp*) so werden vom Compiler nur die Templatefunktionen erzeugt, die in diesem Modul auch aufgerufen werden. Der Aufruf in anderen Modulen (z. B. *gerimain.cpp*) führt nicht zu

einer Generierung, sondern zu einer *Externreferenz*. Das wiederum führt
zu einer Fehlermeldung des Linkers, da ja mangels Generierung tatsächlich keine Definition der notwendigen Templatefunktionen existiert. Nun
ist uns also der Zweck der Funktion dummy() klar: sie wird ausschließlich zur Gernerierung der notwendigen Templatefunktionen gebraucht.

Durch die Definition der Ringlisten q (Zeile 0046) und qq (Zeile 0051)
zwingen wir den Compiler passende Konstruktor-Templatefunktionen zu
generieren. Analog dazu sind die Aufrufe der Elementfunktionen get()
und put() zu verstehen: durch die Verwendung dieser Funktionen wird
der Compiler veranlaßt, passende Templatefunktionen zu generieren. Wir
sehen, es ist also erforderlich, sich rechtzeitig zu überlegen, welche
Templatefunktionen man braucht. Entsprechend viele Dummy[1]-Aufrufe
schreibt man in den Modul, der die Definition enthält.

```
0001
0002 // gerimain.cpp
0003
0004 #include <iostream.h>
0005 #include "geribuff.h"
0006
0007 void main(void)
0008 {
0009 int arrint[] = {1,2,3,4,5,6};
0010 double arrdoub[] = {1.11, 2.22, 3.33, 4.44, 5.55, 6.66};
0011
0012 queue<int> qint;
0013 queue<double> qdoub;
0014
0015 int i;
0016 int *p_int;
0017 double *p_double;
0018
0019 // we use queue to buffer int
0020
```

---

[1]Etwas einfacher ist der Sachverhalt, wenn es sich um Templates für Non-
Elementfunktionen handelt: es gelten zwar die gleichen Überlegungen wie oben, aber anstatt von Dummy-Aufrufen gibt es eine elegantere Möglichkeit: Man deklariert in notwen-
digem Umfang zum Funktions-Template passende Prototypen.

```
0021 for (i = 0;
0022     i < sizeof(arrint)/sizeof(arrint[0]);
0023     i++)
0024     {
0025     qint.put(&arrint[i]);
0026     }
0027
0028 while ( p_int = qint.get())
0029     {
0030     cout << "qint.get() = " << *p_int << endl;
0031     }
0032
0033 // we use queue to buffer double
0034
0035
0036 for (i = 0;
0037     i < sizeof(arrdoub)/sizeof(arrdoub[0]);
0038     i++)
0039     {
0040     qdoub.put(&arrdoub[i]);
0041     }
0042
0043 while ( p_double = qdoub.get())
0044     {
0045     cout << "qdoub.get() = " << *p_double << endl;
0046     }
0047
0048 } // end of main()
0049
```

Programm 111: Die Benutzung der generischen Container-Klasse queue<GEN>

An dieser Stelle haben wir die Ziellinie fast erreicht. Auf unserer bisherigen Tour sind uns alle wesentlichen Konzepte der Sprache begegnet - aber ein wichtiges Kapitel fehlt noch: die iostream-Klassenbibliothek.

10 iostream Ein-/Ausgabe

Hat die Standard-C-Bibliothek (*stdio-Library*) mit ihren zahlreichen Ein- und Ausgabefunktionen ausgedient? wird sich so mancher gefragt haben, als er in unseren Beispielen statt der printf()-Funktion Ausgaben mit dem Übergebersymbol "<<" gesehen hat. Mehrere Gründe sprachen für ein Neudesign einer Ein-/Ausgabe-Bibliothek. Zum einen ergeben sich grundsätzlich neue Möglichkeiten für eine E/A-Bibliothek durch den Einsatz der Objekttechnik. Zum andern sind die in der stdio-Bibliothek vorhandenen Möglichkeiten schlicht und einfach nicht ausreichend und leistungsfähig genug für einen adäquaten Einsatz in einer objektorientierten Umgebung. Ein-/Ausgaben mit IOstreams sind typsicher, solche mit stdio-Funktionen sind es nicht. Wir können beispielsweise die Funktion printf() nicht für benutzerdefinierte Typen erweitern (und natürlich auch keine andere stdio-Funktion). Genau das ist aber einer der Hauptvorteile der iostream-Bibliothek: sie ist objektorientiert und hinsichtlich benutzerdefinierter Typen erweiterbar. Die iostream-Bibliothek stellt den gesamten Funktionsumfang der stdio-Bibliothek von C zur Verfügung. Damit müssen wir also in keinem Fall auf die stdio-Bibliothek zurückgreifen. iostreams werden verwendet, um typisierte Objekte in lesbaren Text zu konvertieren und umgekehrt. Ebenso können Streams binäre Daten lesen und schreiben.

Mit der C++ Version[1] 2 kam eine erweiterte Library, die durch die Benutzung der Mehrfachvererbung (die eben seit dieser Version verfügbar ist) zusätzliche Möglichkeiten bietet. Manche Compiler bieten sowohl die ursprüngliche C++ streams-Library wie auch die neue iostream-Library. Wir empfehlen jedoch beim Programmieren mit C++ nur noch die neue Version 2 (oder jünger) der iostream-Library zu verwenden. Die veraltete Version 1.0 betrachten wir hier nicht.

---

[1]Die Versionsbezeichung bezieht sich auf den Translator Cfront (übersetzt C++ nach C) von AT&T, der vor allem bezüglich der iostreams-Library seit 1990 den Quasi-Standard darstellt.

Wer - nun wider besseres Wissen - zunächst weiterhin die vertrauten Standard-C-Library-Funktionen benutzen möchte, kann das durchaus tun, bis er mit den iostream-Funktionen vertraut ist. Nur mischen darf man die beiden I/O-Philosophien nicht! Die Puffertechnik[1] der beiden grundsätzlich verschiedenen Bibliotheken verträgt sich nicht miteinander. Das Ergebnis der gleichzeitigen Benutzung beider Bibliotheken innerhalb eines Programms ist i. d. R. katastrophal: so erschienen beispielsweise Ausgaben nicht in der programmierten Reihenfolge, sie tauchen scheinbar willkürlich auf!

Der iostream-Bibliothek liegt eine komplexe Hierarchie voneinander abgeleiteter Klassen zugrunde.

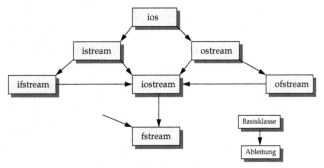

Bild 112: Die iostream-Klassenstruktur (Auszug)

Die wichtigsten Klassen, ihr Verwendungszweck, sowie die zu inkludierende Header-Datei sind in der folgenden Tabelle zusammengefasst:

---

[1]Manche Compilerbauer bringen die Puffertechniken der beiden Bibliotheken unter einen Hut - allerdings um den hohen Preis dramatischer Performanceverluste.

Klasse	Verwendungszweck	zugehörige Header-Datei
ostream	Basis für alle Ausgabeklassen	`<iostream.h>`
istream	Basis für alle Eingabeklassen	
iostream	Basis für alle Ein- und Ausgabeklassen	
ofstream	Ausgabe in eine Datei	`<fstream.h>`
ifstream	Eingabe von einer Datei	
fstream	Datei-Ein- und -Ausgabe	
ostrstream	Ausgabe in den Speicher (String)	`<strstream.h>`
istrstream	Eingabe vom Speicher	
strstream	Speicher-Ein- und Ausgabe	

Bild 113: Wichtige Klassen der iostream-Bibliothek (Auszug)

Jedes Objekt einer der oben genannten Klassen repräsentiert einen Datenstrom. Statt Datenstrom verwenden wir sehr häufig den kürzeren englischen Begriff *Stream*. Ein Stream ist definiert als der abstrakte Datenfluß von einer Quelle zu einem Ziel oder von einem Produzent zu einem Konsument. Wie in der `stdio`-Bibliothek drei automatisch besetzte FILE-Pointer existieren, so gibt es hier drei Standardobjekte:

istream cin	Standardeingabe-Stream, Tastatur (entspricht `stdin`)
ostream cout	Standardausgabe-Stream, Bildschirm (entspricht `stdout`)
ostream cerr	Standardfehlerausgabe-Stream, Bildschirm (entspricht `stderr`)
ostream clog[1]	Standardprotokollausgabe-Stream, Bildschirm

Bild 114: Drei Standardobjekte für die Stream-Ein-/Ausgabe

An dieser Stelle wäre es zweifelsohne interessant in die einzelnen Klassen hineinzuschnuppern. Wir werden uns dies aus Platzgründen verkneifen und uns gleich der Praxis der Ein- und Ausgabe zuwenden.

---

[1]Das Objekt `clog` ist ein zweiter Ausgabekanal für Fehlermeldungen. Im Gegensatz zu `cerr` ist `clog` voll gepuffert. Sollen Fehlermeldungen in Dateien umgeleitet werden, so ist die Verwendung von `clog` effizienter als der Einsatz von `cerr`.

10.1   Die Ausgabe

Bisher haben wir bereits gesehen, dass für die Ausgabe der überladene
Operator << benutzt wird. Im Zusammenhang mit der Stream-Ein-
/Ausgabe wird dieser Operator als *Übergeber* bezeichnet. Der Übergeber
unterstützt die Ausgabe aller skararen Typen direkt (char, short, int
und long; alle jeweils signed und unsigned; float, double und
long double, sowie char * und void *). Schreibweisen der folgenden Form sind uns ja bereits vertraut:

```
int i = 69;
float pi = 3.141592
...
cout << i;
cout << &i;
cout << pi;
```

Mit dem Übergeber werden *formatierte* Ausgaben getätigt, das heißt vor
der eigentlichen Ausgabe auf ein Medium läuft eine Umwandlung typbe-
hafteter Ausgabeobjekte in eine Textzeichenfolge. Wie diese Textzeichenfolge aussehen soll, kann der Programmierer, wie wir später noch sehen
werden, ziemlich präzise beschreiben. Ohne zusätzliche Angaben werden
die Ausgaben in einem definierten Standardformat des jeweiligen Datentyps getätigt: so werden z. B. überzählige Leerzeichen rechts und links
vom auszugebenden Wert unterdrückt, Zahlen werden dezimal ausgegeben
und reelle Zahlen als Gleitpunktzahlen (z. B. 3.141592). Für Zeigertypen
erfolgt die Ausgabe hexadezimal. Eine Ausnahme ist der Typ char *,
weil hier zeichenweise der Stringinhalt bis zur abschließenndnen Null ausgegeben wird. Weitere Ausnahmewerte, die nicht ausgegeben werden,
sondern eine *Wirkung* erzeugen, sind die *Manipulatoren*. Auf den Sinn von
Manipulatoren werden wir unten genauer eingehen. Für den Moment
reicht es uns, wenn wir wissen, dass sich mittels Manipulatoren so etwas
wie die Ausgabefeldbreite und die Ausgabegenauigkeit regeln läßt.

Der Übergeber ist eine Operatorfunktion, die als Ergebnis (Returnwert) eine Referenz auf das Streamobjekt selbst zurückgibt. Damit lassen sich von links nach rechts lesbare Ausgabeketten formulieren:

```
cout << "Die int-Variable i hat den Wert: " << i << endl;
```

Zuerst wird also die Stringkonstante "Die int-Variable i hat den Wert: " ausgegeben. Dann folgt der Wert von i und schließlich endl. Was ist endl? Hier handelt es sich um einen Manipulator.

10.1.1 Ausgabe-Manipulatoren

Die Standardmanipulatoren der iostream-Bibliothek dienen dazu, Einstellungen eines Streams zu ändern. Der oben gezeigte Manipulator endl beispielsweise veranlaßt die Ausgabe von '\n' und das Entleeren des Ausgabepuffers (*flush*) auf das Ausgabegerät. Eine weitere Aufgabe von Manipulatoren kann das Setzen von Formatflags sein (siehe Tabelle unten). Letztlich verbirgt sich hinter einem Manipulator der Aufruf einer Elementfunktion. Auf die direkte Benutzung von Elementfunktionen des Objekts cout kommen wir später nochmals zurück. Bleiben wir zunächst bei den Manipulatoren, da sie in aller Regel bequemer sind als der Umgang mit Elementfunktionen. Wie das Beispiel oben zeigt, lassen sich Manipulatoren einfach in die Ausgabekette einstreuen. Betrachten wir hierzu noch ein Beispiel:

```
0001
0002
0003 // mani.cpp
0004
0005 #include <iostream.h>
0006 #include <iomanip.h>
0007
0008 void main(void)
0009 {
0010 int i;
0011
0012 i = 1952;
```

```
0013
0014 cout << "i = " << setw(5) << dec << i << " (dezimal)"    << endl
0015         << "i = " << setw(10) << oct << i << " (oktal)"    << endl
0016         << "i = " << setw(15) << hex << i << " (hexadez.)" << endl;
0017 }
0018
```

Programm 115: Eine Ausgabekette mit Manipulatoren

In den Zeilen 0014, 0015 und 0016 sehen wir eine einzige lange Ausgabekette - die aber trotz ihrer Länge gut lesbar ist. In diese Ausgabekette sind verschiedene Manipulatoren eingestreut. Jeder Manipulator wirkt ab dem Ort der Notation bis zum Ende der Ausgabekette. Nach der Ausgabe ist die Wirkung des Manipulators bezüglich des Ausgabeobjekts wieder vergessen. Das Ergebnis der Ausgabe sieht folgendermaßen aus:

```
i =   1952 (dezimal)
i =       3640 (oktal)
i =           7a0 (hexadezimal)
```

Der Manipulator setw() dient dem Setzen der Ausgabefeldbreite, während die Manipulatoren dec, oct, hex die Zahlenbasis für dei Darstellung der Ausgabe festlegen. Wie gesagt, die Manipulatoren wirken bis zum Ende einer Ausgabekette, bzw. bis eine Einstellung explizit verändert wird. In der Zeile 0014 wird die Ausgabefeldweite zunächst auf 5 Zeichen eingestellt. Nachdem i in dezimaler Form ausgegeben wurde wird in Zeile 0015 die Ausgabefeldbreite auf 10 Zeichen umgestellt und die Ausgabeform für die ganze Zahl i auf das Oktalformat festgelegt, usw. Wie die Ausgabe zeigt, werden die Ausgabefelder stets rechtsbündig gefüllt. Wird eine linksbündige Ausgabe benötigt, so kann dies durch das Setzen eines *Formatflags* (siehe unten) bewirkt werden.

Noch etwas verdeutlicht das Beispiel oben: es gibt *parameterlose Manipulatoren* (wie z. B. hex, dec, usw.) und *parametrierbare Manipulatoren*, wie z. B. setw(). Parameterlose Manipulatoren sind Funktionszeiger der Form

```
ostream &(* manipulator)(ostream &stream)
```

Die <<-Operatorfunktion der Klasse ostream ist für Argumente dieser Art speziell überladen. Sie führt dann die Anweisung aus:

```
return(*manipulator)(stream);
```

Das bedeutet, die angegebene Manipulatorfunktion wird mit dem aktuellen ostream-Objekt als Parameter aufgerufen und deren Ergebnis als Returnwert zurückgegeben. cout << dec hat daher die gleiche Wirkung wie dec(cout). Ein Studium der Header-Datei <iostream.h> kann in diesem Zusammenhang lehrreich sein.

Ausgabe-Manipulatoren	Typ	Wirkung
dec	ios	Dezimalkonvertierung
hex	ios	Hexadezimalkonvertierung
oct	ios	Oktalkonvertierung
endl	ostream	Ausgabe von '\n' und Aufruf von flush()
ends	ostream	Ausgabe von '\0'
flush	ostream	Leeren des ostreams auf das Ausgabemedium
setbase(int n)	ios	Setzt Konvertierungsbasis auf n (0, 8, 10 oder 16). 0 ist der Defaultwert: dezimale Ausgabe.
setw(int n)	ios	Setzt Feldbreite auf n.
setprecision(int n)	ios	Setzt Gleitkommagenauigkeit auf n Stellen
setfill(int)	ios	Setzt Füllzeichen auf c.
setiosflags(long f)	ios	Setzt die von f bestimmten Format-Bits
resetiosflags(long f)	ios	Löscht die von f bestimmten Format-Bits

Bild 116: Ausgabe-Manipulatoren

Die ios-Manipulatoren verändern ausschließlich die Formatparameter der Basisklasse ios und können aus diesem Grunde sowohl auf Objekte der von ios abgeleiteten Klasse ostream wie auch auf die Ableitung istream angewandt werden.

`ostream`-Manipulatoren dagegen können nur auf Objekte der Klasse `ostream` angewandt werden, da sie Ausgaben in einen Stream tätigen.

`istream`-Manipulatoren sehen wir in der Tabelle oben nicht, wir behandeln diese Manipulatoren im nächsten Kapitel. `istream`-Maniuplatoren sind für die Ausgabe nicht zu verwenden, da sie von Streams lesen und deshalb ausschließlich für `istream`-Objekte brauchbar sind.

Mit den beiden parametrierten Manipulatoren `setiosflags()` und `resetiosflags()` lassen sich die im folgenden Abschnitt erläuterten Formatflags ein- und ausschalten. Wenn Ausgabeketten formuliert werden, ist der Umgang mit diesen beiden Manipulatoren handlicher als der Einsatz der (im nächsten Absatz vorgestellten) Flag-Funktionen `ios::setf()` und `ios::unsetf()`.

10.1.2 Ausgabe-Formatflags

Die Formatflags sind Bitparameter mit deren Hilfe das *Ausgabeformat* (reelle Zahlen als Festpunktzahlen oder Gleitpunktzahlen), die *Zahlenbasis* (dezimal, oktal, hexadezimal) und die *Ausrichtung* der Ausgabewerte im Ausgabefeld (rechtsbündig, linksbündig, intern) eingestellt werden.

Dargestellt werden die einzelnen Formatflags, wie oben schon erwähnt, durch einzelne Bits oder Bitgruppen. Die Flag-Bits können unabhängig voneinander gesetzt und gelöscht werden. Mit den Einzelbits wird das Ein- und Ausschalten von Ausgabeoptionen geregelt. Bestehen für eine Ausgabeoption n Möglichkeiten, so werden zur Steuerung der Option auch n Bits angeboten. Damit haben wir es mit einer Bitgruppe zu tun.

Zum komfortablen Umgang mit den Einzelbits sind diese als Aufzählungs-
literale deklariert. Die folgende Tabelle listet die Formatflags und ihre Bedeutung auf:

Ausgabe-Formatflags	Wirkung	Bitgruppe
left	Linksbündige Ausgabe	
right	Rechtsbündige Ausgabe	adjustfield
internal	Füllzeichen nach Vorzeichen oder Basisindikator	
dec	Dezimalkonvertierung	
oct	Oktalkonvertierung	basefield
hex	Hexadezimalkonvertierung	
showbase	Zeigt den Basisindikator bei der Ausgabe (oktale Werte beginnen mit 0; hex-Werte mit 0x)	
showpoint	Zeigt Dezimalpunkt bei der Ausgabe reeller Zahlen	
showpos	Zeigt '+' bei positiven Integerzahlen	
scientific	Reelle Zahlen werden als Gleitpunktzahlen in Mantisse-Exponenten-Schreibweise 1.2345E2 ausgegeben	
fixed	Reelle Zahlen werden als Festpunktzahlen (123.45) ausgegeben	floatfield
uppercase	Hex-Ausgabe mit Großbuchstaben	
unitbuf	Leert Pufferinhalt nach jeder Übergabe, und nicht erst, wenn der Puffer voll ist	
stdio	Mit stdio synchronisieren	

Bild 117: Ausgabe-Formatflags (Auszug)

Insgesamt gibt es drei Bitgruppen (siehe Tabelle "Formatflags":
adjustfield, basefield und floatfield). Bei einer Bitgruppe
ist jeweils nur die Besetzung eines einzigen Bits der Gruppe sinnvoll.
Nehmen wir z. B. die Bitgruppe basefield: in dieser Dreiergruppe darf
nur ein Bit gesetzt sein, da die Ausgabe nur entweder dezimal (dec) oder
oktal (oct) oder hexadezimal (hex) erfolgen kann. Diese Bedingung ist
nicht automatisch erfüllt, der Programmierer muss darauf achten! Ist in ei-

ner Bitgruppe mehr als ein Bit gesetzt, so gilt die Wirkung als undefiniert[1].
Ist kein Bit der Bitgruppe gesetzt, so gilt eine gruppenspezifische Voreinstellung. Ist beispielsweise weder `left`, noch `right`, noch `internal`
gesetzt, so erfolgt die Ausgabe rechtsbündig.

10.1.2.1 Die Flag-Funktionen ios::setf(), ios::unsetf() und ios::flags()

Wird ein Bit einer Bitgruppe auf 1 gesetzt, so müssen die restlichen Bits
der Gruppe auf 0 gesetzt werden. Zum Ändern und Abfragen der
Formatflags stehen uns die Elementfunktionen `ios::setf()`,
`ios::unsetf()` und `ios::flags()` zur Verfügung. (Zur Erinne-
rung: die Formatflags lassen sich auch mit Hilfe der parametrierten Manipulatoren `setiosflags()` und `resetiosflags()` ein- und ausschalten.) Alle Formatflags bleiben nach dem Setzen erhalten, bis sie explizit erneut besetzt werden.

Von der Elementfunktion `ios::setf()` gibt es via Überladung zwei
verschiedene Versionen:

```
long ios::setf(long bit_setzen, long bitgruppe_loeschen);
long ios::setf(long bits_zusaetzlich_setzen);
```

Die erste Version von `ios::setf()` mit zwei Parametern sorgt dafür,
dass zunächst die durch `bitgruppe_loeschen` genannten Bits gelöscht werden, bevor dann die durch `bit_setzen` angegebenen Bits gesetzt werden. Anders verhält es sich mit der zweiten Form von
`ios::setf()`: hier werden die durch den Parameter genannten Bits zusätzlich gesetzt. Damit ist dieser Aufruf nur dann sinnvoll, wenn das zu
setzende Flag nicht zu einer der drei Bitgruppen `adjustfield`,
`basefield` oder `floatfield` gehört, da Mehrfachbesetzungen ja keinen Sinn machen. Zurückgegeben wird in beiden Fällen der alte Flag-
Wert.

---

[1]Es gibt auch Implementationen, wo in diesem Fall die gruppenspezifische Voreinstellung
wirkt.

Im nachfolgenden Beispiel wird von beiden Formen von `ios::setf()` Gebrauch gemacht:

```
0001
0002
0003 // formflag.cpp
0004
0005 #include <iostream.h>
0006 #include <iomanip.h>
0007
0008 void main(void)
0009 {
0010 int alpha;
0011
0012 alpha = 1952;
0013
0014
0015 cout.setf(ios::showpos);
0016 cout.setf(ios::dec, ios::basefield);
0017 cout.setf(ios::internal, ios::adjustfield);
0018
0019 cout << "alpha = " <<  setw(10) << setfill('.') << alpha << endl;
0020
0021 }
0022
```

Programm 118: Formatflags im Einsatz

Die vom Programm erzeugte Ausgabe sieht so aus:

```
alpha = +.....1952
```

In der Zeile `0015` wird durch das Setzen von `showpos` dafür gesorgt, dass auch für positive Zahlen das Vorzeichen mit ausgegeben wird. Zum Setzen von `showpos` wird die zweite Form von `ios::setf()` verwendet, da dieses Flag zusätzlich gesetzt werden soll und zu keiner der drei oben genannten Bitgruppen gehört.

In den Zeilen 0016 und 0017 wird jeweils die erste Form von
`ios::setf()` verwendet. In der Ausgabe sieht man nun deutlich, wie
das Flag internal wirkt: Präfix (das '+'-Zeichen) und Hauptteil (1952) der
auszugebenden `int`-Variablen alpha wird "gespreizt", das heißt, der erste
Teil wird linksbündig und der zweite Teil rechtsbündig ausgegeben, da-
zwischen liegen die mit dem Manipulator `setfill()` eingestellten Füllzeichen.

10.1.2.2 Manipulatoren oder ios-Elementfunktionen für die Formatierung?

Bezüglich der Formatierung haben wir also die Wahl zwischen zwei Pro-
grammierstilen:

- entweder die Formatierung mittels `ios`-Elementfunktionen einzustellen und dann die Ausgabe zu tätigen ;
  z. B.:
  ```
  int i = 123;
  cout.fill('*');
  cout.width(6);
  cout << i; // gibt aus: ***123
  ```

- oder die Formatierung mittels Manipulatoren in eine Ausgabekette ein-
  zustreuen. Analog zum Beispiel von oben:
  ```
  int i = 123;
  cout << setfill('*') << setw(6) << i; // gibt aus: ***123
  ```

Für welchen der beiden Stile entscheidet man sich? Nun, die beiden Beispiele sind nicht ganz identisch! Werden Formateinstellungen mittels Elementfunktionen getätigt, so bleiben sie erhalten, bis diese Einstellungen
explizit wieder geändert werden. *Achtung*: eine Ausnahme ist `width()`!
Die Ausgabefeldbreite wird nach jeder formatierten Ausgabe auf 0 zurückgesetzt. Formateinstellungen durch die in die Ausgabekette eingestreuten Manipulatoren gelten nur für diese Ausgabekette!

Damit läßt sich die Faustregel formulieren: auf Dauer ausgelegte Formateinstellungen macht man am besten mit Hilfe von Elementfunktionen. Sich dynamisch ändernde Formateinstellungen realisiert man am besten mit Manipulatoren in der Ausgabekette. Außerdem läßt sich beobachten, dass Ausgabeketten mit eingestreuten Manipulatoren im allgemeinen als leichter lesbare Anweisungen empfunden werden - letztlich auch deswegen, weil die Formatierungsinformation direkt an Ort und Stelle[1] zu sehen ist, und nicht u. U. viele Zeilen weiter vorher.

10.1.2.3 ostream-Elementfunktionen für die unformatierte Ausgabe

Neben der Möglichkeit, mit dem Übergeber einen Ausgabestream zu bedienen, haben wir auch die Möglichkeit, mit `ostream`-Elementfunktionen zu arbeiten, wenn wir auf Formatierungen keinen Wert legen: die Ausgabefeldbreite (veränderbar durch den Wertparameter `ios::width()` oder den Manipulator `ios::setw()`) und Füllzeichen (veränderbar durch den Wertparameter `ios::fill()` oder den Manipulator `ios::setfill()`) spielen dann keine Rolle und werden, wie auch immer belegt, nicht berücksichtigt.

istream-Elementfunktionen	Wirkung
`flush()`	Entleert Ausgabepuffer des Stream auf Ausgabegerät
`put()`	Fügt ein Zeichen in den Ausgabestream
`seekp()`	Positioniert auf eine Schreibposition im Stream (2 Überlagerungen)
`tellp()`	Liefert die aktuelle Schreibposition im Stream
`write()`	Übergibt dem Stream eine gegebene Anzahl von Zeichen aus einem Array (2 Überlagerungen)

Bild 119: `ostream`-Elementfunktionen

Wir wollen im folgenden kurz die beiden Elementfunktionen `ostream::put()` und `ostream::write()` betrachten:

---

[1]Damit erfüllen die in die Ausgabekette eingestreuten Manipulatoren für die Ausgabeformatierung in idealer Weise das *Prinzip der Lokalität*, wonach Informationen dort zu finden sein sollen, wo sie gebraucht werden.

```
//Zeichen-Ausgabe
ostream &put(char);
//String- unf binäre Ausgabe
ostream &write(const char *loc, int count);
```

In beiden Fällen ist der Funktionswert eine Referenz auf das `ostream`-Objekt. Damit sind wieder Schachtelungen, wie im Beispiel unten gezeigt, möglich. Der `char`-Parameter von `put()` enthält das auszugebende Zeichen. Bei `write()` zeigt der erste Parameter `loc` auf den auszugebenden Speicherbereich und der zweite Parameter `count` nennt die Anzahl der auszugebenden Bytes.

```
0001
0002 // unform.cpp
0003
0004 #include <iostream.h>
0005 #include <iomanip.h>
0006
0007 int main(void)
0008 {
0009 char ch = 'x';
0010
0011 cout.fill('*');
0012 cout.width(4);
0013
0014 cout.put(ch);
0015
0016 cout.put(ch) << ch;
0017
0018 cout << setw(4);
0019
0020 (cout.put(ch) << ch).put(ch);
0021
0022 return(0);
0023 }
0024
```

Programm 120: Unformatierte Ausgabe mit `ostream::put()`

Das Programm liefert die Ausgabe xx***xx***xx. Wie kommt diese Ausgabe zustande? In den Zeilen 0011 und 0012 werden mit den ios-Elementfunktionen fill() und width() Füllzeichen und Feldbreite eingestellt. Wir erinnern uns: Füllzeichen und Feldbreite betreffen nur die formatierte Ausgabe, nicht aber die unformatierte Ausgabe mit der ostream-Elementfunktion put(). Also werden diese Einstellungen bei der Ausgabe in der Zeile 0014 ignoriert. Die Einstellungen bleiben aber erhalten bis eine formatierte Ausgabe mit dem Übergeber kommt. Die Ausgabe in Zeile 0014 produziert das erste 'x'. In der Zeile 0016 erfolgt eine weitere unformatierte Ausgabe mit ostream::put(). Diese Ausgabe produziert das zweite 'x'. Bei der Vorstellung der Funktion ostream::put() haben wir erfahren, dass diese Elementfunktion eine Referenz auf das ostream-Objekt (hier cout) zurückgibt. Das heißt, wir können, wie in der Zeile 0016 dargestellt, in der Anweisung mit dem Übergeber weitermachen. Die Ausgabe mit dem Übergeber ist jedoch eine formatierte Ausgabe. Aus diesem Grund kommen jetzt die Einstellungen von Zeile 0011 und 0012 zum Tragen: die Ausgabe des dritten 'x' erfolgt in einem vier Zeichen breiten Feld mit dem Füllzeichen '*'. Nach dieser formatierten Ausgabe bleibt die Einstellung cout.fill('*') aus der Zeile 0011 erhalten. Dagegen wird die Feldbreite wieder auf 0 zurückgesetzt. Aus diesem Grund erfolgt die Einstellung der Feldbreite in Zeile 0018 erneut; diesmal mit Hilfe des parametrierten Manipulators setw(). In der Zeile 0020 erfolgt zunächst wieder eine unformatierte Ausgabe mit Hilfe der ostream-Elementfunktion put(). Abermals wirken die Formateinstellungen für Füllzeichen und Feldbreite nicht: das vierte 'x' kommt unmittelbar nach dem dritten. Die sich an die unformatierte Ausgabe anschließende formatierte Ausgabe mit dem Übergeber nutzt dagegen die Formatinformationen wieder: das fünfte 'x' steht wieder rechtsbündig in einem vier Zeichen breiten Feld mit dem '*' als Füllzeichen. Die Füllzeicheneinstellung ist also erhalten geblieben. In Zeile 0020 nutzen wir außerdem die Eigenschaft, dass die Operatorfunktion << als Returnwert eine Referenz auf das ostream-Objekt (hier cout) zurückgibt. Dass heißt, hier können wir in der Anweisung durchaus mit einer ostream-Elementfunktion, wie hier im Beispiel put(), fortfahren.

Im folgenden Beispiel wird mit write() (Zeile 0043) binär in eine Datei geschrieben. Da wir die Datei-Ein-/Ausgabe noch nicht vorgestellt haben, wollen wir vorweg auf die wenigen, im Programm verwendeten Da-

tei-Operationen kurz eingehen. In der Zeile 0014 wird das ofstream-
Objekt MyFile definiert, dem in Zeile 0041 im open()-Befehl die Datei arr.dat zugeordnet wird. Open() eröffnet die Datei arr.dat im
Binärmodus. Da das Objekt MyFile vom Typ ofstream ist, wird die
Datei implizit zum Schreiben eröffnet. Das binäre Schreiben mit wri-
te() erfolgt in Zeile 0043. Der erste Parameter von write() ist ein
Zeiger auf das Ausgabearray, der zweite Parameter spezifiziert die Anzahl
der zu schreibenden Zeichen. In Zeile 0044 wird die Datei wieder geschlossen.

Insgeamt leistet das Beispielprogramm folgendes: der Benutzer wird gebe-
ten 5 ganze Zahlen einzugeben. Die eingegebenen Zahlen werden in das
int-Array arr geschrieben (Zeilen 0022 bis 0031). Anschließend wird
der Array-Inhalt auf den Bildschirm ausgegeben (Zeilen 0034 bis 0039).
Zuguterletzt wird dann das Array arr in der Datei arr.dat gesichert.

```
0001
0002 // arrawri.cpp
0003
0004 #include <iostream.h>
0005 #include <iomanip.h>
0006 #include <fstream.h>
0007
0008 int main(void)
0009 {
0010 int CountIn;
0011 int CountOut;
0012 int arr[5];
0013
0014 ofstream MyFile;
0015
0016 cout << "Das Array fasst "
0017      << sizeof(arr)/sizeof(int)
0018      << " Elemente" << endl;
0019
0020 cout << "Bitte 5 ganze Zahlen eingeben  : ";
0021
0022 for (CountIn = 0;
0023      CountIn < sizeof(arr)/sizeof(int);
0024      CountIn++)
```

```
0025    {
0026    if (cin >> arr[CountIn])
0027       {
0028       continue;
0029       }
0030    arr[CountIn] = 0;
0031    }
0032 cout << "Das Array enthaelt: ";
0033
0034 for (CountOut = 0;
0035    CountOut < CountIn;
0036    CountOut++)
0037    {
0038    cout << setw(3) << arr[CountOut];
0039    }
0040
0041 MyFile.open("arr.dat", ios::binary);
0042
0043 MyFile.write((char *)arr,sizeof(arr));
0044 MyFile.close();
0045
0046 cout << '\n' << "Das Array wurde in der Datei arr.dat gesi-
chert."
0047       << endl;
0048
0049 return 0;
0050 }
0051
```

Programm 121: Unformatierte Ausgabe mit `ostream::write()`

10.2   Die Eingabe

Für die Eingabe sind Objekte der Klasse `istream` vorgesehen. Die Klasse `istream` ist wie die Klasse `ostream` unter anderem von der Klasse `ios` abgeleitet und hat aus diesem Grund die gleichen, auf das Format bezogenen Flags, `ios`-Manipulatoren und `ios`-Elementfunktionen. Allerdings: das eingestellte Füllzeichen und die `adjustfield`-Bits haben auf das Lesen von einem istream-Objekt keine Wirkung. Ausnahme: `ios::width()` ist bei der Stringeingabe von Bedeutung!

Die *formatierte* Eingabe erfolgt mit dem *Übernehmer* >>. Der linke Operand ist ein `istream`-Objekt, der rechte eine Referenz auf einen skalaren Typ, ein `char`- oder `void`-Zeiger. Der Übernehmer unterstützt also die Eingabe aller skalaren Typen direkt (`char`, `short`, `int` und `long`; alle jeweils `signed` und `unsigned`; `float`, `double` und `long double`, sowie `char *` und `void *`).

Mit dem Übernehmer werden also *formatierte* Eingaben getätigt, das heißt, bevor die tätsächliche Eingabe (z. B. von der Tastatur) unserem Programm übergeben wird, läuft eine Umwandlung: die Eingabetextzeichenfolge wird in ein typbehaftetes Objekt transformiert. Die Frage der Formatierung stellt sich hier etwas anders wie im Gegensatz zur Ausgabe. Das maschineninterne Format des Eingabeobjektes leitet sich aus dem zugehörigen Typ ab. Und eine komplexe Beschreibung der vom Benutzer einzugebenden Eingabetextzeichenfolge macht nicht viel Sinn; hier erwartet man eine gewisse "Intelligenz" von den Eingaberoutinen, sodass der Benutzer beispielsweise für eine verlangte Ganzzahl die oktale, dezimale oder hexadezimale Schreibweise wählen kann. Das alles führt dazu, dass die Formatierungmöglichkeiten für die Eingabe bescheiden ausfallen. Beim Lesen werden alle führenden Leerzeichen (Blanks, Tabulatoren und Zeilenenden) vor der einzugebenden Größe überlesen. Das Lesen einer Größe endet beim ersten Zeichen, das nicht mehr zum spezifizierten Typ paßt. Dieses nicht mehr passende Zeichen verbleibt im Eingabestrom und wird bei der nächsten Eingabe als erstes gelesen. Eingaben der folgenden Form haben wir ja bisher schon vielfach gesehen:

```
int alpha;
double beta;
```

```
...

cin >> alpha;

cin >> beta;
```

Der Übergeber ist eine Operatorfunktion, die als Returnwert eine Referenz auf das istream-Objekt zurückgibt. Damit lassen sich von links nach rechts lesbare Eingabeketten formulieren:

```
char strassenname[11];

int hausnummer;

...

cin >> setw(10) >> strassenname >> hausnummer;
```

Mit dem parametrierten Manipulator `setw` wird die akzeptierte Eingabefeldbreite eingestellt, dann wird der Eingabestring in die Stringvariable `strassenname` übernommen, anschließend die Hausnummer in die `int`-Variable `hausnummer`. Durch das Festlegen der Eingabefeldbreite wird sichergestellt, dass die eingegebene Zeichenkette nicht länger werden kann als der String `strassenname`.

10.2.1 Eingabe-Manipulatoren

Wie uns schon von der Ausgabe her bekannt ist, dienen die Manipulatoren der iostream-Bibliothek dazu, Einstellungen eines Streams zu ändern. Im Vergleich zur Ausgabe haben wir jedoch bei der Eingabe weniger Gestaltungsmöglichkeiten.

Ausgabe-Manipulatoren	Typ	Wirkung
`ws`	`istream`	Ignoriert Whitespace[1] bei der Eingabe
`dec`	`ios`	Dezimalkonvertierung

---

[1]"Whitespace" ist ein von den ursprünglichen C-Autoren Brian Kernighan und Dennis Ritchie geprägter Sammelbegriff für *Leerzeichen, Tabulatoren, Zeilenvorschübe* und *Kommentare*. (Kommentar gibt es im Zusammenhang mit `skipws` nicht.)

hex	ios	Hexadezimalkonvertierung
oct	ios	Oktalkonvertierung
setw(int n)	ios	Setzt Feldbreite auf n.
setiosflags(long f)	ios	Setzt die von f bestimmten Format-Bits
resetiosflags(long f)	ios	Löscht die von f bestimmten Format-Bits

Bild 122: Eingabe-Manipulatoren

Wie wir bereits wissen, verändern die ios-Manipulatoren ausschließlich die Formatparameter der Basisklasse ios und können aus diesem Grund sowohl auf Objekte der von ios abgeleiteten Klasse ostream wie auch auf die Ableitung istream angewandt werden. Von der Diskussion der Ausgabe her wissen wir, dass es noch weitere ios-Manipulatoren gibt, nämlich setbase(), setprecision() und setfill(). Als ios-Manipulatoren sind sie zwar prinzipiell auch auf Eingabeströme anwendbar - bewirken dort aber in der Regel nichts!

Eingabestreams sind so voreingestellt, dass Whitespace-Zeichen (Leerzeichen, Zeilenvorschübe und Tabulatorzeichen) überlesen werden, respektive als Trennzeichen dienen. Aus diesem Grund macht der Manipulator ws nur Sinn, wenn vorher mit cin >> resetiosflags(ios::skipws) oder mit cin.unset(ios:skipws) das Überlesen von Whitespace-Zeichen ausgeschaltet wurde.

Jenachdem, ob dec, hex oder oct gesetzt ist, wird eine Dezimalzahl, eine Hexadezimalzahl oder eine Oktalzahl erwartet. (Hinweis: Hex-Zahlen dürfen in diesem Fall kein Präfix 0x bei der Eingabe mitbekommen: 'x' würde als nicht numerisches Zeichen die Eingabe beenden.) Ist keines der basefield-Bits gesetzt, so kann die Eingabe wahlweise die Form der dezimalen, hexadezimalen oder oktalen C++-Konstanten haben. (Oktalzahlen beginnen mit einer 0, Hex-Zahlen mit 0x.)

Der Manipulator setw() wirkt nicht bei der Eingabe von Zahlen und Zeichen, sondern ausschließlich bei der Eingabe von Strings. Mit Hilfe dieses Manipulators lassen sich Strings vor dem Überlaufen schützen.

Nach der Einstellung `setw(n)` (mit n > 0) werden bei der Eingabe nur n-1 Zeichen übernommen. Nach der Eingabe wird die Feldbreite wieder auf 0 gesetzt, wobei 0 bedeutet, dass wieder beliebig viele Zeichen übernommen werden.

Mit den beiden parametrierten Manipulatoren `setiosflags()` und `resetiosflags()` lassen sich die im folgenden Abschnitt erläuterten Formatflags ein- und ausschalten. Wenn Eingabeketten formuliert werden ist der Umgang mit diesen beiden Manipulatoren handlicher als der Einsatz der Flag-Funktionen `ios::setf()` und `ios::unsetf()`.

10.2.2 Eingabe-Formatflags

Bezüglich der Eingabe-Formatflags ist das gleiche Phänomen wie bei den Manipulatoren zu beobachten: es gibt für die Eingabe weniger nutzbare Formatflags wie für die Ausgabe.

Formatflags	Wirkung	Bitgruppe
`skipws`	Ignoriert Whitespace bei der Eingabe	
`dec`	Dezimalkonvertierung	
`oct`	Oktalkonvertierung	`basefield`
`hex`	Hexadezimalkonvertierung	

Bild 123: Eingabe-Formatflags

Zum Setzen, Rücksetzen und Abfragen der Eingabe-Formatflags dienen uns die im Abschnitt "Ausgabe" vorgestellten Flag-Funktionen ios::**setf**(), ios::**unsetf**() und ios::**flags**().

Die Wirkung der Formatflags `skipws`, `dec`, `oct` und `hex` ist identisch mit der durch die Manipulatoren `ws`, `dec`, `oct` und `hex` erzielten Wirkung (siehe Abschnitt "Eingabe-Manipulatoren").

10.2.3 istream-Elementfunktionen für die unformatierte Eingabe

Neben der formatierten Eingabe mit dem Übernehmer stehen uns auch Möglichkeiten für die unformatierte Eingabe zur Verfügung. Die zu ostream::put() und ostream::write() inversen Funktionen sind istream::get() und istream::read(). Von beiden gibt es wieder via Überladung mehrere Versionen. Neben diesen beiden istream-Elementfunktionen gibt es noch einige weitere Hilfsdienste (siehe Tabelle istream-Elementfunktionen).

istream-Elementfunktionen	Wirkung
gcount()	Liefert Anzahl der zuletzt übernommenen Zeichen
get()	Übernimmt Zeichen (6 Überlagerungen)
getline()	Übernimmt Zeile (2 Überlagerungen)
ignore()	Überspringt Zeichen
peek()	Liefert nächstes Zeichen, ohne es aus dem Stream zu nehmen
putback()	Schreibt ein Zeichen in den Stream zurück
read()	Übernimmt eine gegebene Anzahl von Zeichen in ein Array
seekg()	Positioniert auf eine Leseposition im Stream
tellg()	Liefert die aktuelle Leseposition im Stream

Bild 124: istream-Elementfunktionen

Im folgenden Beispiel wird mit read() binär von einer Datei gelesen. Das Programm *arrarea.cpp* liest die vom Programm *arrawri.cpp* (siehe weiter oben) binär geschriebenen int-Zahlen aus der Datei arr.dat. Den Umgang mit Dateien haben wir ja bisher noch nicht besprochen. Die wenigen Dateioperationen kennen wir jedoch aus dem Beispielprogramm arrawri.cp.: In der Zeile 0016 wird das ifstream-Objekt MyFile definiert, dem in Zeile 0019 im open()-Befehl die Datei arr.dat zugeordnet wird. Open() eröffnet die Datei arr.dat im Binärmodus. Da das Objekt MyFile vom Typ ifstream ist, wird die Datei arr.dat implizit zum Lesen eröffnet. Sollte das nicht gelingen, so wird eine Fehlermeldung ausgegeben (Zeilen 0020 – 0024) und das Programm abgebrochen. Das binäre Lesen mir read() erfolgt in Zeile 0026 – 0029. Der erste Parameter von read() ist ein Zeiger auf das Eingabearray, der zweite Parameter spezifiziert die Anzahl der zu lesenden Zeichen. In Zeile 0030 wird die Datei wieder geschlossen.

```
0001
0002 // arrarea.cpp
0003
0004 #include <iostream.h>
0005 #include <iomanip.h>
0006 #include <fstream.h>
0007 #include <process.h>
0008
0009 int main(void)
0010 {
0011 int buffer;
0012 int CountIn = 0;
0013 int CountOut = 0;
0014 int arr[10];
0015
0016 ifstream MyFile;
0017
0018
0019 MyFile.open("arr.dat",ios::binary);
0020 if (!MyFile)
0021    {
0022    cerr << "Die Datei arr.dat lies sich nicht oeffnen!" << endl;
0023    exit(-1);
0024    }
0025
0026 while  (MyFile.read((char *)&buffer,sizeof(buffer)))
0027       {
0028       arr[CountIn++] = buffer;
0029       }
0030 MyFile.close();
0031
0032 cout << "Das File arr.dat enthaelt "
0033      << CountIn
0034      << " Elemente: ";
0035
```

```
0036 for (CountOut = 0;
0037      CountOut < CountIn;
0038      CountOut++)
0039    {
0040      cout << setw(3) << arr[CountOut];
0041    }
0042
0043 return 0;
0044 }
0045
```

Programm 125: Unformatierte Eingabe mit istream::read()

10.3   Die Datei-Ein-/Ausgabe

Die Datei-Ein-/Ausgabe ist mit Hilfe von Objekten der in <fstream.h> deklarierten Klassen ifstream, ofstream und fstream[1] möglich. Diese Klassen sind abgeleitet von den Klassen istream, ostream und iostream (siehe weiter oben Bild "iostream-Klassenstruktur") und erben die dort definierten Elementfunktionen für die Ein- und Ausgabe. Auch Übergeber und Übernehmer sind in geeigneter Weise überladen.

Der Umgang mit einem Dateistream unterscheidet sich ein wenig vom Umgang mit den Standardstreams. Sind Ein- und Ausgaben auf die Standardsreams (cin, cout, cerr, clog) unmittelbar, das heißt ohne Eröffnungsaktion möglich, so gilt für das Schreiben und Lesen von Dateistreams folgende "Philosophie": Stellvertretend für Dateien sind frei benannte Streamobjekte zu definieren, zum Beispiel

```
ifstream MyInputFile;
```

---

[1]Die bidirektionale Klasse fstream wird wahrscheinlich nicht in den C++-Standard übernommen.

für die Datei-Eingabe oder

```
ofstream MyOutputFile;
```

für die Datei-Ausgabe. Aktiv für das Lesen und Schreiben lassen sich diese Filestreamobjekte aber erst nutzen, wenn sie mit einer geöffneten Datei assoziiert werden. Diese Verbindung zu einer geöffneten Datei kann auf zwei Arten hergestellt werden: *erstens* kann im Konstruktor durch Angabe des Namens die gewünschte Datei bekannt gemacht werden, zum Beispiel:

```
ifstream MyInputFile("arr.dat", ios::in);
```

oder

```
ifstream *MyInputFile = new ifstream("arr.dat", ios::in);
```

Im letzten Fall ist die Angabe des Modus-Bits `ios::in` redundant, da für Objekte der Klasse `ifstream` dieses Modus-Bit per default gesetzt ist. *Zweitens*: wir können das Öffnen der gewünschten Datei jederzeit nachholen und dabei die Assoziation zum Filestreamobjekt herstellen, zum Beispiel:

```
ifstream MyInputFile;
    ...
MyInputFile.open(ios::binary | ios::int);
```

Bei vielen heutigen iostream-Bibliotheken hängt die Art, wie die gewünschte Datei eröffnet wird, vom Filestreamobjekt ab, mit dem die Datei assoziiert wird: handelt es sich um ein `ofstream`-objekt, so wird im Schreibmodus (`ios::out`) eröffnet. Handelt es sich dagegen um ein `ifstream`-Objekt, so wird im Lesemodus (`ios::in`) eröffnet. In unseren bisherigen Beipielen haben wir jedoch den Eröffnungsmodus durch das Modus-Bits immer explizit angegeben, weil im C++-Standardentwurf ein automatisches Setzen von Modusbits nicht vorgesehen ist.

Nachdem nun eine Verbindung zwischen Filestreamobjekt und offener Datei hergestellt ist, kann nun geschrieben und/oder gelesen werden. Die formatierte Ein-/Ausgabe läuft wieder über Übernehmer und Übergeber und die unformatierte Ein-/Ausgabe über die Funktionen `read()` und `write()` oder `get()` und `put()`.

Modus-Bit	Wirkung
ios:app	Schreiben an das Dateiende
ios:ate	Nach open() auf Dateiende positionieren
ios:in	Öffnen für Eingabe (implizit für ifstream)
ios:out	Öffnen für Ausgabe (implizit für ofstream)
ios:binary	Öffnen im Binärmodus
ios:trunc	Löscht Inhalt der Datei, wenn sie existiert (implizit, wenn ios::out angegeben ist und weder ios::ate noch ios::app angegeben sind)
ios:nocreate	Fehler bei open(), wenn Datei nicht existiert
ios:noreplace	Fehler bei open() für die Ausgabe, wenn die Datei existiert, es sei denn ios::ate oder ios::app ist gesetzt

Bild 126: Datei-Modusbits und ihre Wirkung

Die Modus-Bits können durch das bitweise ODER "|" miteinander verknüpft werden, wobei jedoch nicht alle Kombinationen sinnvoll sind. Die folgende Tabelle zeigt einige Verknüpfungen mit ihrem `stdio`-Äquivalent.

Modus-Bit-Verknüpfungen	stdio-Äquivalent
in	"r"
out | trunc	"w"
out | app	"a"
in | out	"r+"
in | binary	"rb"
out | trunc | binary	"wb"
out | app | binary	"ab"

in | out			"r+"
in | out | trunc			"w+"
in | out | app			"a+"
in | out | binary			"r+b"
in | out | trunc | binary			"w+b"
in | out | app | binary			"a+b"

Bild 127: Modus-Bit-Verknüpfungen und ihr `stdio`-Äquivalent

Das folgende Beispielprogramm kopiert eine Datei. Der Benutzer nennt über Kommandozeilenparameter die Namen von Quell- und Zieldatei. In den Zeilen 0018 und 0019 werden Filestreamobjekte definiert, denen dann in den Zeilen 0021 und 0029 Dateien zugeordnet werden. In den Zeilen 0037 und 0038 finden wir die Lese- und Schreibaufrufe `get()` und `put()`. In Zeile 0040 wird eine Pufferentleerung auf die Ausgabedatei veranlaßt und in den Zeilen 0044 und 0045 werden schließlich die Quell- und Zieldatei geschlossen.

```
0001
0002  // datcop2.cpp
0003
0004 #include <iostream.h>
0005 #include <process.h>
0006 #include <fstream.h>
0007
0008 main(int argc, char* argv[])
0009 {
0010 char ch;
0011
0012 if (argc != 3)
0013    {
0014       cerr << "GEBRAUCH: datcopy datei1 datei2" << endl;
0015       exit(-1);
0016    }
0017
0018 ifstream source;
0019 ofstream dest;
0020
0021 source.open(argv[1],ios::nocreate|ios::binary);
0022
0023 if (!source)
0024    {
0025       cerr << "Oeffnen nicht moeglich: Quelldatei " << argv[1]
<< endl;
0026       exit(-1);
0027    }
0028
0029 dest.open(argv[2],ios::binary|ios::noreplace);
0030
0031 if (!dest)
0032    {
0033       cerr << "Oeffnen nicht moeglich: Zieldatei " << argv[2] <<
endl;
0034       exit(-1);
0035    }
0036
0037 while (dest && source.get(ch))
0038       dest.put(ch);
0039
0040 dest.flush()
```

```
0041
0042 cout << "datcopy beendet\n";
0043
0044 source.close();
0045 dest.close();
0046
0047 return 0;
0048 }
0049
```

Programm 128: Datei kopieren mit `istream::get()` und
`ostream::put()`

Betrachten wir die Zeilen 0023, 0031 und 0037 nochmals etwas genauer!......

10.3.1 Statusabfragen

Bei der Ausgabe geht man in aller Regel davon aus, dass keine Fehler auftreten. Für die Ausgabe auf den Bildschirm trifft das normalerweise auch zu. Bei der Ausgabe auf eine Datei darf man das nicht erwarten: die Kapazität eines logischen Dateisystems kann erschöpft sein oder der zu beschreibende Plattenbereich kann einen physikalischen Defekt haben. Bei der Eingabe sind nun eine ganze Reihe von Fehlermöglichkeiten denkbar: eine gelesene Zeichenfolge paßt nicht zum spezifizierten Datentyp, die Eingabedaten können erschöpft sein oder der zu lesende Plattenbereich kann einen physikalischen Hardware-Defekt haben.

Immer wenn es einer Eingabefunktion nicht gelingt, die gewünschte Größe einzulesen, setzt sie entsprechende Fehlerbits im `ios`-Statuswort. Bei gesetzten Fehlerbits bleibt ein Eingabesrom solange gesperrt - und damit alle Eingabeoperationen wirkungslos - bis der Fehlerstatus durch explizites Löschen der Fehlerbits durch den Programmierer wieder auf OK gesetzt wird. So gesehen muss nach jeder Eingabe der I/O-Status geprüft und ggf. eine Korrekturmaßnahme eingeleitet werden. In der folgenden Tabelle sind die Statusbits und ihre Bedeutung aufgelistet:

Statusbit	Bedeutung
ios::goodbit	Alles in Ordnung
ios::eofbit	Dateiende erreicht
ios::failbit	Eingabefehler, Formatfehler
ios::badbit	Pufferfehler, cin hat möglicherweise Zeichen verloren

Bild 129: I/O-Statusbits und ihre Bedeutung

Last but not least: gelöscht werden kann eine Datei mit

```
#include <stdio.h>
int remove(const char *filename);
```

Löscht eine Datei.

remove() löscht die durch filename angegebene Datei. Das Makro remove wird dabei in einen Aufruf von unlink() umgesetzt. Wenn die Datei offen ist, müssen Sie sie erst schließen, bevor Sie sie mit remove() löschen können. Der Dateiname kann einen vollständigen Pfad enthalten.

11 Glossar

• Abgeleitete Klasse *(derived class)*
Eine Klasse, die **Attribute** und **Elementfunktionen** von einer **Basisklasse** beinhaltet.

• Ableitung (derivation)
Kurzform für abgeleitete Klasse; Vererbung.

• Abstrakter Datentyp (abstract data type)
Ein Abstrakter Datentyp ist die Zusammenfassung einer Menge von Daten mit den auf sie anwendbaren Operationen und Funktionen. Damit werden Eigenschaften von Datenstrukturen spezifiziert, ohne dass vom Nutzer Implementierungseigenschaften ausgenutzt werden können. Abstrakte Datentypen werden in C++ mit den **Klassen** realisiert.

• Abstrakte Klasse *(abstract/deferred class)*
Eine Abstrakte Klasse ist eine bewußt unvollständige Oberklasse, in der von Methodenimplementierungen abstrahiert wird. Fehlende Methodenrümpfe werden erst in den **Unterklassen** definiert. Die **Instantiierung** von Abstrakten Klassen ist daher nicht möglich.
In C++ heißen abstrakte Klassen **pure** Klassen (pure class)

• Anonymes Objekt *(anonomous oject)*
Ein anonymes Objekt hat keinen Namen, da es dynamisch zur Laufzeit mit new instantiiert wurde. Anonyme Objekte werden i.d.R. mit Zeiger-Arrays und verketteten listen verwaltet.

• Assoziation
Siehe: Instanzbeziehung.

• **Attribut** *(attribute)*
Siehe **Instanzvariable**.

• **Basisklasse** *(base class)*
Siehe **Oberklasse**

• **Botschaft** *(message)*
Botschaften dienen der Interaktion zwischen Objekten. Entsprechend ihrer Klassendefinition reagieren Objekte auf eingehende Botschaften durch Ausführung einer ihrer **Methoden**. Die Botschaft spezifiziert hierzu sowohl das Emfpängerobjekt, wie auch die auszuführende Methode mit den evtl. zu verarbeitenden aktuellen Argumenten. Botschaften werden auch als **Selektoren** oder **Nachrichten** bezeichnet.

• **Datenabstraktion** *(data abstraction)*
Die Daten sind nicht durch unmittelbaren Zugriff manipulierbar, sondern nur duch die Verwendung der dafür vorgesehenen Elementfunktionen.

Als Datenabstraktion bezeichnet man das Prinzip, nach dem nur die auf ein **Objekt** anwendbaren Operationen von aussen sichtbar sind. Hierbei wird sowohl vom internen Aufbau eines Objekts als auch von der Realisierung seiner Operationen abstrahiert

• **Datenelement** *(data member)*
Siehe **Instanzvariable**.

• **Datenkapselung**
Siehe **Kapselung**.

• **Definition** *(definition)*
Beschreibung des prozeduralen Ablaufs einer Funktion. Beschreibung von Klassen- und Datenstrukturen mit gleichzeitiger Allokation.

• **Deklaration** *(declaration)*
Beschreibung von Klassen- und Datenstrukturen ohne gleichzeitige Allokation.

• **Destruktor** *(destructor)*
Der Destruktor dient der Beseitung von Objekten, bzw. der für die Objekte auf der Heap durchgeführten Allokationen.

• **Dynamisches Binden**
Die zur Laufzeit durchgeführte Zuordnung einer **Botschaft** zu einem Methoden-Rumpf wird das dynamisches Binden bezeichnet. Mit Hilfe dieser Technik wird das konzept des **Late-Binding-Polymorphismus** realisiert.

• **Early-Binding-Polymorphismus** *(statischer Polymorphismus)*
Beim Early-Binding-Polymorphismus erfolgt die Bindung des Methodennamens (Name der Elementfunktion) an einen konkrteten Methodenrumpf (Rumpf der Elementfunktion) bereits zur Übersetzungszeit in Abhängigkeit vom Typ des empfangenden Objekts.

• **Einfachvererbung** *(single inheritance)*
Bei der Einfachvererbung wird eine neue **Unterklasse** von jeweils nur einer direkten **Oberklasse** abgeleitet.

• **Element** *(member)*
Siehe **Attribut** und **Elementfunktion**.

• **Elementfunktion** *(member function)*
Die innerhalb einer Klasse definierten Funktionen.

• **Erbe** *(heir)*
Siehe **Unterklasse**.

• **Exemplar**
Siehe **Instanz**.

• **Freispeicher**
Nicht belegter Haumptspeicher, der für die dynamische Allokation zur Verfügung steht..

• **Freundfunktion** *(friend)*

Freundfunktionen sind allgemeine Funktionen (keine Methoden), denen es erlaubt ist, auf Instanzvariablen zuzugreifen. Welche Funktion eine Freundfunktion ist, wird in einer Klassendeklaration festgelegt.

• **Frühe Bindung** *(Early-Binding-Polymorphismus)*

Siehe **Early-Binding-Polymorphismus**.

• **Funktions-Template** *(function template)*

Siehe: **generische Funktion**.

• **Generische Funktion** *(generic function, function template)*

Eine Funktion, in der auch die Typen in der Liste der formalen Parameter parametrisiert sein können.

• **Generische Klasse** *(generic Class, class template)*

Eine generische Klasse ist ein mit generischen formalen Parametern versehenes Klassen-Muster zur Generierung von gewöhnlichen Klassen. Die generischen formalen Parameter dienen als Stellvertreter der aktuellen Parameter, die die definitiven Datentypen repäsentieren.

Generische Klassen sind in C++ mit **Klassen-Templates** realisiert.

Klassen werden auch als **Klassengenerator** oder **parametrisierter Typ** bezeichnet.

• **Geschütztes Klassenelement** *(protected class member)*

Auf diese Elemete können nur die Elementfunktionen der eigenen Klasse und die Elementfunktionen von abgeleiteten Klassen zugreifen.

• **Heap**

Siehe **Freispeicher**.

• **Hierarchie** *(hierarchy)*

Siehe **Klassenhierarchie**.

• **Information Hiding**

Information Hiding ist das bewußte Verbergen von internen Informationen. Implementierungsdetails sind nach aussen nicht sichtbar und damit nicht mißbräuchlich nutzbar. Information Hiding wird durch die **Datenabstraktion** realisiert.

• **Inline-Funktion** *(inline function)*

Eine Funktion, deren Funktionsrumpf textuell an der Aufrufstelle einkopiert wird.

• **Instanzierung** *(instantiation)*

Instantiierung ist die Erzeugung von neuen Objekt-Instanzen zur Laufzeit. Damit verbunden ist eine Speicherplatzbelegung (Alloktion) und das Durchlaufen eines sog. **Konstruktors**. Das Verhalten und die Struktur der erzeugten Instanzen sind durch die sie definierenden **Klassen** gegeben.

• **Instanz** *(instance)*

Die Instanzen einer **Klasse** sind die von ihr beschriebenen Objekte. Instanzen einer Klasse unterscheiden sich durch die Werte ihrer **Instanzvariablen**. Für alle Instanzen einer Klasse ist die Anzahl der Instanzvariablen gleich und die möglichen Operationen **(Instanzmethoden)** sind identisch.

Instanzen existieren zur Laufzeit und werden auch als **Exemplare** bezeichnet.

• **Instanzbeziehung** *(instance connection)*

Eine **semantische Beziehung** zwischen Objekten; auch Instanzbeziehung genannt. So stehen z. B. eine Klasse Auto und eine Klasse Person in einer semantischen Beziehung zueinander: Ein Auto hat genau eine Person als Eigentümer. Dass eine Person aber mehrere Autos besitzen kann zeigt, das Instanzbeziehungen nach ihrer **Zuordungskaridinalität** unterschieden werden können: Es gibt **eineindeutige** Instanzbeziehungen (1:1), **einseitig eindeutige** Instanzbeziehungen (1:N) und **komplexe** Instanzbeziehungen (M:N). Instanzbeziehungen werden auch als **Assoziationen** bezeichnet.

• **Instanzmethode** *(instance methode)*

Instanzmethoden sind die von **Instanzen** ausführbaren **Methoden**. Mit Instanzmethoden können die Instanzvariablen modifiziert werden.

• **Instanzvariable** *(instance variable)*
Die Instanzvariablen sind die objektlokalen Variablen, für die in jeder **In-stanz** lokaler Speicherplatz reserviert wird. Geschützte Instanzvariablen sind nur durch die **Instanzmethoden, Klassenmethoden** und **Freundme-thoden** veränderbar. Instanzvariablen werden auch als **Attribute** bezeichnet.

• **Kapselung** *(encapsulation)*
Als Kapselung bezeichnet man den Schutz von Daten vor unmittelbarem Zugriff. Die Daten sind nur mittels der ihnen zugeordneten Operationen (Schnittstellenfunktionen) manipulierbar.

• **Klasse** *(class)*
Eine Klasse dient als Muster für die Definition von Objekten, ähnlich wie eine Strukturdeklaration als Muster für die Definition einer Strukturvariablen dient. Eine Klasse definiert die Struktur, die Eigenschaften und das Verhalten aller **Objekte** dieser Klasse.

Die Beschreibung einer Klasse umfaßt insbesondere den Klassennamen, **Vererbungsbeziehungen**, die lokalen Datenelemente **(Instanzvariablen)** und ihren Schutzgrad, das **Protokoll** der Klasse (Klassenmethoden, Instanzmethoden) und die Implementierung der Klassenmethoden (Ausnahmen sind hier die **Abstrakten Klassen**).

• **Klassenbibliothek** *(class library)*
Ähnlich wie in Funktionsbibliotheken werden in Klassenbibliotheken vorgefertigte Standardklassen gehalten. Dies sind i.d.R. für ein bestimmtes Anwendungsgebiet sehr allgemein gehaltene Klassen mit universellen Eigenschaften und Klassenmetheoden. Beispiel können hier Klassenbibliotheken für Matrizenrechnung oder die Arithmetik komplexer Zahlen sein.

• **Klassengenerator**
Siehe: Klassen-Template

• **Klassenhierarchie** *(class hierarchy)*
Durch die Vererbung entstehen hierarchische Beziehungen zwischen der Basisklasse und der Ableitung.

• **Klassenmethode**

In C++ sind Klassenmethoden mit dem Schlüsselwort *static* gekennzeichnet ("statische Elementfunktion"). Eine Klassenmethode beschreibt das Verhalten von Operationen, die auschließlich einer **Klasse**, und nicht den von ihnen erzeugten Instanzen (Objekt), zugeordnet sind. Hierunter fällt z.B. die **Instantiierung** von Objekten. Klassenmethoden können auch ohne Bindung an ein Objekt direkt aufgerufen werden. Siehe auch: **Metaklasse**.

• **Klassennetz** *(class network)*

Durch die Mehrfachvererbung können netzartige Beziehungen zwischen den Basisklassen und den Ableitungen entstehen.

• **Klassen-Template** *(class template)*

Siehe: **generische Klasse**.

• **Klassenvariable** *(class variable)*

Klassenvariablen sind die bezgl. einer Klasse globalen Variablen. Sie sind in allen **Instanzen** einer Klasse inhaltlich identisch und lesend zugreifbar.

In C++ sind Klassenvariablen mit dem Schlüsselwort *static* gekennzeichnet *(static members)*.

• **Konstruktor** *(constructor)*

Der Konstruktor ist i.d.R. zuständig für die Reservierung (Allokation) von Speicherplatz für das Objekt und die anschließende Initialisierung.

• **Kontainer-Klasse**

Siehe **generische Klasse**.

• **Konvertierung** *(conversion)*

Typanpassung.

• **Late-Binding-Polymorphismus**

Beim Late-Binding-Polymorphismus erfogt die Bindung des Methodennamens an einen konkreten Methodenrumpf erst zur Laufzeit in Abhängigkeit eines konkret referenzierten Objekts.

• **Manipulator** *(manipulator)*
Ein Manipulator bestimmt Eigenschaften von Input- oder Ouput-Streams.

• **Mehrfachvererbung** *(multiple inheritance)*
Bei der Mehrfachvererbung wird eine neue **Unterklasse** von mehr als nur einer direkten **Oberklasse** abgeleitet. Die neue Unterklasse erbt also die Vereinigung der Instanzvariablen und Methoden ihrer Oberklassen.

• **Metaklasse** *(metaclass)*
Metaklassen sind Klassen von Klassen, die sich manipulieren lassen. Neben den normalen Attributen werden statische Attribute in einer Metaklasse definiert, die dann für die gesamte Klasse nur einen Wert annehmen können. Die von der Metaklasse erzeugten Objekte betrachten dann dieses Attribut als Konstante, d. h. die einzelnen Objekte können den Wert nicht verändern. Solche statischen Attribute können nur mit Klassenmethoden verändert werden. Statische Attribute und Klassenmethoden werden in C++ durch die Qualifizierung mit dem Schlüsselwort `static` definiert. Siehe auch: **Klassenmethode**.

• **Methode** *(methode)*
Methoden realisieren die auf **Objekte** einer **Klasse** anwendbaren Operationen. Eine Verarbeitungsvorschrift (Algorithmus) legt dabei das Verhalten der Operation fest. Die Methoden einer Klasse können auf die klassenlokalen **Instanzvariablen** zugreifen und deren Werte verändern.
Methoden werden durch **Botschaften** aktiviert.
Siehe auch **Botschaft**.

• **Multiple Vererbung**
Siehe **Mehrfachvererbung**.

• **Nachricht** *(message)*
Siehe **Botschaft**.

• **Netz** *(network)*
Siehe **Klassennetz**.

• **OOA** *(Object Oriented Analyses)*
Analysemethoden, die auf der objektorientierten Denkweise basieren.

• **OOD** *(Object Oriented Design)*
Designmethoden, die auf der objektorientierten Denkweise basieren.

• **OOP** *(Object Oriented Design)*
Programmiermethoden, die auf der objektorientierten Denkweise basieren.

• **Oberklasse** *(super class, base class)*
Eine Oberklasse beschreibt gemeinsame Eigenschaften für die von ihr abgeleiten **Unterklassen**. Die Oberklasse vererbt an die Unterklassen Methoden und Instanzvariablen.

• **Objekt** *(object)*
Siehe **Instanz**.

• **Öffentliches Klassenelement** *(public class member)*
Klassenelement auf das direkt, ohne Benutzung einer Schnittstellenfunktion, zugegriffen werden kann.

• **Parameter**
Eine Größe, die von einer Funktion oder Elementfunktion verarbeitet wird.

• **Parameterliste** *(parameter list)*
Zusammenstellung aller Größen, die von einer Funktion oder Elementfunktion verarbeitet werden.

• **Polymorphismus** *(polymorphism)*
Unter Polymorphismus versteht man die Bindung eines **Methodennamens (Botschaft, Selektor)** an einen konkreten **Methodenrumpf** in Abhängigkeit vom Kontext.

• **Privates Klassenelement** *(private class member)*

Klassenelement, auf das nicht direkt zugegriffen werden kann, sondern nur unter Benutzung einer Schnittstellenfunktion.

• Prototyp *(prototype)*
Vorwärtsdeklaration einer Funktion mit exakter Schnittstellenbeschreibung: Funktionsname, Returnwerttyp, Anzahl und Typ der Parameter und eventuellen Parametervorbelegungen.

• Protokoll *(protocol)*
Die Beschreibung der Schnittstelle von Objekten einer Klasse wird als Protokoll bezeichnet. Das Protokoll bezeichnet alle für die jeweilige Klassen gültigen **Methodennamen**. Die Reaktion eines Objekts auf das Eintreffen einer **Botschaft** ist ebenfalls festgelegt, nicht jedoch die Implementierung der Methoden.

• Pure Klasse *(pure class)*
Siehe: abstrakte Klasse.

• Pure virtuelle Funktion *(pure virtual function)*
Virtuelle Funktion ohne Implementierung des Methodenrumpfes. Klasse mit puren virtuellen Elementfunktionen heißen **pure Klassen**. Von diesen Klassen lassen sich keine Objekte erzeugen, sie eignen sich als Basisklassen. Im Rahmen der Vererbung werden die puren virtuellen Funktionen durch reale Implementierungen in den abgeleiteten Klassen überlagert.

• Referenz *(reference)*
Alias-Name für ein Objekt oder Datum. Ein Verweis, der nicht explizit dereferenziert werden muss.

• Referenzaufruf *(call by reference)*
Die Parameterübergabe erfolgt durch die Übergabe eines **Zeigers** auf die Inhalte der aktuellen Parameter.

• Selektive Vererbung *(selective inheritance)*
Bei der selektiven Vererbung werden nur bestimmte **Methoden** und **Instanzvariablen** der **Oberklasse** an die **Unterklasse** vererbt, andere nicht. Was geerbt werden kann wird in der Oberklasse definiert.

• **Selektor** *(selector)*
Der Selektor bezeichnet die im Empfängerobjekt auszulösende **Methode**. Siehe **Botschaft**.

• **Signatur** *(signature)*
Die Signatur einer Funktion umfaßt den Typ des Returnwerts, den Namen der Funktion sowie die Anzahl und die Typen der formalen Parameter.

• **Späte Bindung** *(late binding)*
Siehe **Late-Binding-Polymorphismus**.

• **Statischer Polymorphismus**
Siehe **early-binding-Polymorphismus**.

• **Statische Klassenattribute**
Siehe: **Metaklasse**.

• **Statische Elementfunktion**
Siehe: **Klassenmethode**.

• **Strom** *(stream)*
Eine Daten-Quelle oder -Senke, von der Daten gelesen werden, bzw. auf die Daten geschrieben werden. Ein Strom kann den Bildschirm, die Tastatur, eine Datei oder ein anderes Gerät repräsentieren.

• **Template**
Klassen-Template: siehe **generische Klasse**. Funktions-Template: siehe **generische Funktion**.

• **this-Zeiger** *(this)*
In einer **Elementfunktion** stets definierter Zeiger, der auf das aktuelle Objekt (den Nachrichtenempfänger) zeigt.

• **Typkonvertierung** *(type conversion)*
Anpassung von Datenformaten.

• **Typ-sicheres Binden** *(type-safe linkage)*
Beim Bindevorgang wird auf die Typkompatibiltät der beteiligten Module
geachtet.

• **Überladene Funktion** *(overloaded function)*
Gleichnamige Funktionen mit neudefiniertem Funktionsrumpf.

• **Überladener Operator** *(overloaded operator)*
Neudefinition für ein Operatorsymbol.

• **Übergeber** *(insertion operator)*
Operator zur Ausgabe von Daten auf einem Stream.

• **Übernehmer** *(extraction operator)*
Operator zur Eingabe von Daten von einem Stream.

• **Unterklasse** *(subclass)*
Eine Unterklasse erbt von einer oder mehreren **Oberklassen** die
Instanzvariablen und Methoden. Die geerbten Eigenschaften können von
der Unterklasse ergänzt werden. Unterklassen können selbst wieder Basisklasse für weitere Ableitungen sein.

• **Vererbung** *(inheritance)*
Die Vererbung ist das zentrale Strukturierungsprinzip der Klassenbildung.
Neue **Unterklassen** können definiert werden durch Spezialisierung einer
oder mehrerer bestehender **Oberklassen**. Die Vererbung führt zu einer
hierarchischen Anordnung der verwandten Klassen, die sich über mehrere
Stufen erstrecken.
Die Vererbung läßt sich kategorisieren in **Einfachvererbung**, **Mehrfachvererbung** und **wiederholte Vererbung**. Eine Einschränkung in der Vererbung wird als **selektive Vererbung** bezeichnet.

• **Virtuelle Funktion** *(virtual function)*

Dynamisch gebundene Funktion.

• **Virtuelle Vererbung** *(virtual inharitance)*
Dient der Vermeidung der wiederholten Vererbung.

• **Wertaufruf** *(call by value)*
Die Parameterübergabe erfogt durch die Übergabe einer **Kopie** der Inhalte der aktuellen Parameter.

• **Wiederholte Vererbung** *(repeated inheritance)*
Die wiederholte Vererbung kann aus der **Mehrfachvererbung** resultieren. Diese liegt dann vor, wenn eine **Unterklasse** eine Eigenschaft von einer indirekten **Oberklasse** auf unterschiedlichen Wegen erbt.

• **Link-Spezifikation** *(linkage specification)*
Optionen zur Steuerung des Linkers; Bindeanweisungen.

12 Register

264 Register

266

13 Über den Autor

Studium der Informatik und Wirtschaftswissenschaften an der Technischen Universität München.
Arbeitsschwerpunkte waren im Bereich der Informatik: Software-Engineering, Netzwerke, Compi-
ler- und Betriebssystembau.

Im Bereich der Wirtschaftswissenschaften bildeten
Betriebswirtschaft und Marketing den Mittelpunkt.
Diplom in Informatik.

Drei Jahre Software-Architekt bei Siemens. Neun
Jahre Software-Architekt, Berater und Account-
Manager bei Softlab in München.

1987 Gründung der Ambit Informatik in München.
Fünfzehn Jahre Geschäftsführer des Informatik-Hauses.

1992 Berufung als Professor auf den Lehrstuhl „Software-Engineering und
Programmiersprachen" der Fakultät für Wirtschaftsinformatik an der
Hochschule Furtwangen University.

▣ Arbeitsschwerpunkte liegen heute im Umfeld
    o   Web Business & E-Commerce
    o   System-Architekturen,
    o   Software-Engineering und
    o   Projektmanagement

▣ Leiter des Labors "Distributed Computing" an der Fakultät
Wirtschaftsinformatik in Furtwangen.

▣ Mitherausgeber der Zeitschrift "Wirtschaftsinformatik" in den
Jahren von 2000 bis 2005

268

- Herausgeber des Blogs "Enterprise meets Future" (www.illik-online.com/wordpress_blogpod)

- Principal Research & E-Business der  Ambit Group (www.ambit.de)

Einige Werke des Autors:

2007   2009

(„Erfolgreich programmieren mit C" und „Programmieren in C unter Unix" sind vergriffen)